21世纪高职高专
规划教材

会计系列

浙江省高等教育教学
改革建设项目成果

外贸业务会计实务

主编 ◎ 杨瑾淑 佘雪锋

Foreign Trade Business Accounting Practices

中国人民大学出版社
· 北京 ·

前 言

自2001年加入WTO以来，我国的外贸进出口规模不断扩大，越来越多的企业走出了国门。我国在国际贸易中的地位不断提升，从贸易大国走向贸易强国已成为我国经济发展的必然趋势，因此对精通外贸业务会计实务的会计专业人才的需求将不断增加。

本教材是依托教育部“教高〔2006〕16号”文件及近年来高等职业教育领域出现的最新理念，在广泛社会调研的基础上，由校企专家合作开发的基于工作过程化的应用性教材。本教材是浙江省重点教材建设项目立项教材。

本教材以业务工作过程为主线，以真实的国际货物贸易范例为仿真体验，以业务指导和仿真的结合为表现方法，呈现外贸业务会计核算的全部环节。本教材在编写中着重体现以下特点：

1. 理论实务通俗化。本教材结合高职学生的特点，对于书中涉及的国际贸易术语以及会计理论的解释都力求简单、通俗，涉及的实务内容同样重点体现其可操作性。

2. 内容真实化。本教材中使用的引例、文件、数据、操作过程及案例均来源于真实的外贸企业，只是公司的名称和信息稍作修改。学生通过学习真实的教学内容，有利于今后更快地适应实际工作。

3. 实训综合化。外贸业务会计实务工作千变万化、形势复杂，对于学生的综合素质及能力要求较高。本教材中的学习情境二和学习情境三分别以出口业务和进口业务为轴心，以一票业务到底，展现进出口业务的全部过程与内容，业务内容与操作程序、操作方法相辅相成，综合实训更是将真实的业务场景完全融入教材与课堂。

为方便教学，编者开发了与主教材配套的教学资源包。使用本教材的师生可登录中国人民大学出版社网站下载，或来函来电索要教学资源包中的PPT电子课件、各个学习情境中的“情境引例”的参考答案与提示、“实训项目”的参考答案。

在教材编写过程中，我们参考和引用了国内外同行的成果和观点，得到了台州市国家税务局、交通银行台州市分行等相关部门的政策指导，得到了台州市国际贸易有限公司、台州市新世纪进出口有限公司、台州市海业国际贸易有限公司、浙江海州医药有限公司的业务支持，在此一并向各单位同志及专家学者表示真诚的谢意！

由于编者理论知识和实践能力有限，本教材及配套的教学资源中难免存在疏漏之处，敬请广大读者提出宝贵意见，以使本教材不断得到完善和提高。

编 者

2017年5月

目　录

引　言

随着我国经济的连年迅速增长，2013年我国外贸进出口总额达4.16万亿美元，跃居全球第一。在如此巨大的外贸吞吐量中，大多数企业都会涉及进出口业务，并且所发生的每一笔业务都离不开财务与会计核算。

外贸企业的业务类型决定了进出口业务的会计核算内容。外贸企业的业务类型可以划分为以下四种：

（1）出口业务会计核算：

国内采购或自产→出口→结算（外币→本币）

（2）进口业务会计核算：

进口→结算（本币→外币）
- 国内销售（商品）
- 自用设备（固定资产）
- 自用物资（材料）

（3）加工贸易业务会计核算（包括进料加工复出口、来料加工和生产会计）：

进口→结算（本币→外币）→加工、生产→出口→结算（外币→本币）

（4）技术进出口业务会计核算：涉及无形贸易。

出口与进口只表明企业所处的地位不同，二者可以说是互为“镜像”，所有类型都涉及外汇、价格、运输、保险、佣金、纳税、结算等环节。

进出口会计业务的核算是专业会计的组成部分，是对企业涉及外币、外汇的经济业务，按照会计法规、准则和国际惯例，采用复币式核算的一种会计业务。在企业中，进出口业务会计人员主要负责企业进出口业务的核算、分析、预测和控制工作，具体包括外汇业务核算、进出口货物核算、出口货物退（免）税核算、技术进出口业务核算、对外承包工程核算等。

本书作为教科书，不可能面面俱到，主要针对外贸企业进出口业务的会计核算进行介绍。作为一个新手，我们首先要弄清楚工作的对象以及工作的职责，然后才知道自己该学些什么。

一、进出口业务会计的对象

为了区别进出口会计核算对象与一般会计对象，只能将企业经济活动中属于外贸业务的部分作为进出口业务会计核算的对象。

资产中以外币表示的部分：如生产企业、商品流通企业、服务企业的外汇资产、外汇投资、货物贸易和服务贸易中的外汇债权（应收账款、预付外汇账款）等。

负债中以外币表示的部分：如外汇长期和短期借款、融资外汇借款、货物贸易和服务贸易中的债务（应付账款、预收外汇账款）等。

所有者权益中以外币表示的部分：如外方投入的外汇资本、资本公积、所分得外汇红利转本外汇资本等。

收入中以外币表示的部分：如生产企业、商品流通企业、服务企业的出口货物外汇收入、劳务外汇收入、其他营业外汇收入、营业外外汇收入等。

费用中以外币表示的部分：如生产企业、商品流通企业、服务企业以外汇支付的国外运费、保险费、各项佣金、处理违纪赔款等。

利润中以外币表示的部分：即外币营业收入和其他各种外币收入之和减去外币成本和费用之后的外币余额。

二、进出口业务的岗位职责

进出口业务涉及的岗位有外汇资金岗、出口会计岗、进口结算岗和出口退税岗，其岗位职责分别如下：

（一）外汇资金岗

（1）掌管银行外汇存款账户，管理支票，开具汇票，月末与银行对账。

（2）审查外汇收支的凭证是否符合现行外汇管理法规。

（3）向国家外汇管理局办理进口付汇和出口收汇的核销。

（4）负责国际收支统计凭证报表的填报。

（5）联系外汇贷款的申请、使用监督与督促还贷。

（二）出口会计岗

（1）复审出口合同和信用证。

（2）催促业务部门转催进口客户开来信用证。

（3）接到业务部门转来的正本提单等全套单证后登记出口商品销售账，保证按配比原则结转成本；审查出口运费、保险费和佣金。

（4）对逾期未收汇情况及时抄单通知业务部门。

（5）年终负责与出口部门一起清查、盘点库存。

（三）进口结算岗

（1）收到合同副本后，检查合同内容项目在财务上是否妥切。

（2）收到银行转来的发货单证后进行审单，在规定期限内办理付款赎单或承兑汇票手续。

（3）严格执行企业内部付款审批等有关规定。

（4）对进口关税、增值税和消费税严格审查，按规定期限缴款。

（5）收到国外账单或进口货船到达通知后，按合同规定及时办理货款结算手续。

（四）出口退税岗

（1）确保及时办妥出口退税申报，争取足额到位。

（2）及时取得购货有关增值税专用发票、出口专用缴款书、报关单和外销发票，并加强审核。

（3）在期限内通过网络和相关软件进行出口退税操作，并将相关资料装订成册，交到税务局。

（4）及时去银行拿回单，核对退税金额。

从以上会计岗位的职责可以看出，要做好进出口业务会计核算工作，首先要熟悉进出口业务流程，了解国际运、保、佣、税等相关费用的计算和业务内涵、汇率折合、月末重估、汇兑损益的计算、国际贸易结算和国际融资的各种方式，以及防范汇率风险的财务与会计处理等一系列知识，因为会计不是只在业务发生后进行核算，其更重要的职责是监督整个业务过程。

学习情境一

外币业务核算

【职业能力目标】

1. 知悉外汇、外币、汇率、记账本位币、汇兑差额的基本概念。
2. 了解外汇收入、外汇支出的管理规定。
3. 明确汇兑差额的逐笔结转法、集中结转法及其区别。
4. 掌握交易日外币业务、货币兑换业务的会计处理。
5. 能进行汇兑差额的确认、结转与账务处理。

情境引例

2016 年 9 月 1 日 ABC 进出口公司外币户余额如表 1－1 所示。

表 1－1　外币户余额表　　　　账面汇率：6.78

会计科目	原币金额（美元）	人民币金额（元）
银行存款——美元户	56 000	351 680
应收外汇账款——普利公司	42 000	263 760
应付外汇账款——乙木公司	36 000	226 080

9 月份接着发生了下列有关的经济业务：

（1）2 日，支付上月所欠乙木公司外汇账款 36 000 美元，当日美元即期汇率为 6.79。

（2）4 日，销货给美亚公司电器一批，发票金额为 68 000 美元，当日美元即期汇率为 6.79。

（3）7 日，向海力公司进口电器（存货）一批，发票金额为 50 000 美元，款项尚未支付，当日美元即期汇率为 6.79。

（4）9 日，向银行购汇 30 000 美元，以备支付前欠海力公司货款，当日美元卖出价为 6.9 元，当日美元即期汇率中间价为 6.80 元。

（5）10 日，支付前欠海力公司货款 50 000 美元，当日美元即期汇率为 6.78。

（6）12 日，银行收妥上月普利公司所欠款项 42 000 美元，送来收汇通知，当日美元即期汇率为 6.78。

（7）16 日，银行收妥美亚公司款项 68 000 美元，送来收汇通知，当日美元即期汇率为 6.78。

（8）18 日，公司按信贷合同，向外汇银行借入 40 000 美元，为期 3 个月，借款年利率为 6%，用以支付采购设备价款，当日美元即期汇率为 6.78。

（9）20 日，将 10 000 美元向银行办理结汇手续，当日美元买入价为 6.77 元，美元即期汇率中间价 6.87 元。

（10）23 日，销售给普利公司电器一批，发票金额为 62 000 美元，当日美元即期汇率为 6.78。

（11）25 日，公司依据贷款协议从外汇银行借入 3 年期借款 60 000 美元，年利率为 10%，每年计算一次复利，到期一次还本付息，当日美元即期汇率为 6.78。

（12）27 日，向吉瑞公司购进电器（存货）一批，发票金额为 47 500 美元，款项尚未支付，当日美元即期汇率为 6.78。

（13）28 日，因增资扩股，收到境外投资者投入的 1 000 000 美元，当日美元即期汇率为 6.84。

（14）30 日，美元市场即期汇率为 6.77，调整各外币账户的期末余额。

任务下达

【任务1】 根据以上业务内容，分别使用逐笔结转法和集中结转法进行账务处理。银行存款核算使用先进先出法。

逐笔结转法下的账务处理：	集中结转法下的账务处理：
(1)	(1)
(2)	(2)
(3)	(3)
(4)	(4)
(5)	(5)
(6)	(6)
(7)	(7)
(8)	(8)
(9)	(9)
(10)	(10)
(11)	(11)
(12)	(12)
(13)	(13)
(14)	(14)

【任务2】 通过分析两种不同方法的会计账务处理结果，总结运用两种方法进行账务处理的异同点。

逐笔结转法和集中结转法的相同点：
逐笔结转法和集中结转法的不同点：

背景知识

任何涉外活动，无论是外贸、国际投资还是跨国融资等都会涉及外汇。外汇是将外国货币用于国际清偿的支付手段。外汇的动态含义是指把一国货币兑换成另一国货币的国际汇兑行为和过程。外汇的静态含义是指外国货币，即清偿国际债权债务用的外国货币及其相当物。

一、外汇的基本知识和相关规定

（一）外汇的概念

根据2008年修订公布的《中华人民共和国外汇管理条例》的规定，外汇具体包括：

(1) 外币现钞：包括纸币和铸币。

(2) 外币支付凭证或支付工具：包括票据、银行存款凭证、银行卡等。

(3) 外币有价证券：包括债券、股票等。

(4) 特别提款权。

(5) 其他外汇资产。

在进出口业务中经常接触到的是外国货币和外币支付凭证。各种常用货币符号如表1-2所示。

表1-2　各种常用货币符号

货币名称	货币符号	货币名称	货币符号	货币名称	货币符号
人民币	CNY	美元	USD	瑞士法郎	CHF
港元	HKD	欧元	EUR	澳大利亚元	AUD
日元	JPY	德国马克	DEM	芬兰马克	FIM
新加坡元	SGD	英镑	GBP	比利时法郎	BEF
菲律宾比索	PHP	法国法郎	FRF	意大利里拉	ITL
泰铢	THB	加拿大元	CAD	爱尔兰镑	IEP
韩国元	KRW	荷兰盾	NLG	卢森堡法郎	LUF
俄罗斯卢布	SUR	印尼盾	IDR	新西兰元	NZD

（二）外汇管理

所谓外汇管理，是指政府对外汇的买卖、收付、移动，外汇证券的发行与流通实行管理与限制的一种制度，也即对一国外汇的流出、流入施加影响的一切政策措施。

外汇管理的主要内容是禁止外汇的自由买卖，把外汇资源集中到国家手中。外汇管理一般采取以下两种方法：

(1) 数量管制。例如实行进出口许可证制，出口所得外汇要按官方汇率出售给国家指定的银行，进口所需外汇必须经申请批准等。

(2) 价格管制。例如对不同性质的外汇买卖规定不同的汇率等。

（三）汇率和相关问题

汇率是指两种货币之间的比价，即用一种货币所表示的另一种货币的价格。汇率也叫汇价，即外汇的价格，长期以来我国的官方汇率都是定期挂牌公布，所以汇率又称牌价。

汇率的表示方法有直接标价法和间接标价法两种。

直接标价法是指以一单位外币为基准，折算为一定数量的本国货币来表示其汇率的形式，如1美元=6.94元人民币。包括我国在内的多数国家目前都是采用直接标价法。在直接标价法下，外币的数量固定不变，汇率的升降均以本国货币数额变化来表示。

间接标价法则相反，是指以一单位本国货币可兑换多少外币的数量来表示汇率的形式。这里的"一单位"是指1或100本国货币。在间接标价法下，本国货币的数量固定不变，只是相应折算的外币数量随着本国货币的升值或贬值而发生变化。世界上大部分国家都采用直接标价法，只有少数发达国家采用间接标价法，如英国、美国（1978年9月1日开始改用间接标价法），但美元对英镑采用直接标价法。

汇率的报价包括五位有效数字，一般同时报出买入价和卖出价。银行报价总是习惯按后列方式书写成"基准货币/报价货币 买入价/卖出价"，如"USD/CNY 6.821 8/6.849 2"。

（四）汇率的种类

1. 从制定汇率的角度

- 固定汇率 → 又称法定汇率或官方汇率，是指政府为稳定外汇市场而规定的汇率。
- 浮动汇率 → 又称市场汇率，是指按市场供求变化的汇率。该汇率为当前各国所普遍采用。

2. 从银行买卖外汇的角度

- 买入汇率 → 银行买入外汇的价格，又称出口汇率，意指客户卖给银行外汇时用的汇率。
- 卖出汇率 → 银行卖出外汇的价格，又称进口汇率，意指客户向银行购买外汇时用的汇率。它一般与买入汇率相差1‰～5‰左右，构成银行买卖外汇的利润。
- 中间汇率 → 买入价与卖出价的平均值，即用买入汇率加卖出汇率除以二。它不用于外汇交易而只用于记账、缴纳关税等。企业除了实际的货币兑换外，大量的经济业务基本上都是使用外汇的中间价即中间汇率进行折算的。

3. 从企业记账依据的角度

- 记账汇率 → 指企业发生外币经济业务进行账务处理时所采用的汇率。该汇率可以是会计记录当时的市场汇率，也可以是会计记录当期期初的汇率。
- 历史汇率 → 又称账面汇率，是指企业以往发生的外币业务登记入账时所采用的汇率，即过去的记账汇率。

4. 从外汇交易交割期限长短的角度

- 即期汇率 → 又称现汇汇率，是指外币买卖双方成交后立即交割时所使用的汇率，即买卖现汇所使用的汇率。
- 远期汇率 → 是指外币买卖双方成交时约定在以后的一定期限内交割时所使用的约定汇率，即远期外汇或期货外汇买卖时所采用的预期汇率。

二、外币业务的核算

（一）外币业务核算的基本要求

按照国家现行《企业会计准则》的要求，外贸企业应加强对外汇收支业务的管理并正确进行外汇收支业务的核算。在进行外汇收支业务核算时应符合下列要求：

（1）企业发生外币业务时，要将外币按照交易日即期汇率折合为记账本位币记账，同时登记外币金额和记账汇率，记账时采用中间汇率。

（2）外币户的增加与减少要按市场外汇汇率折合为人民币记账。

（3）按国家现行制度要求定期核算汇兑损益。

（4）企业编制会计报表时应将外币折合为人民币反映。

（二）外币业务核算的内容

《企业会计准则》对外币业务的核算作出了明确的规定。企业所发生的进出口业务是以外币计价或结算的交易，具体包括以下几种类型：

（1）外币现金和银行存款增加、减少的外币业务；

（2）按外币结算的收付往来外币业务；

（3）借入外币资金和偿还时的外币业务；

（4）不同货币之间兑换时的外币业务；

（5）期末对外币户进行调整时的外币业务。

（三）记账本位币的确定

记账本位币是指企业经营所处的主要经济环境中的货币。企业通常应选择人民币作为记账本位币。业务收支以人民币以外的货币为主的企业，可以按照规定选定一种货币作为记账本位币，但是编制的财务报表应当折算为人民币。企业记账本位币一经确定，不得随意变更，除非企业经营所处的主要经济环境发生了重大变化。企业因经营所处的主要经济环境发生了重大变化，确需变更记账本位币的，应当采用变更当日的即期汇率将所有项目折算为变更后的记账本位币。企业选定记账本位币，应当考虑下列因素：

(1) 该货币主要影响商品和劳务的销售价格，通常以该货币进行商品和劳务的计价和结算。

(2) 该货币主要影响商品和劳务所需人工、材料和其他费用，通常以该货币进行上述费用的计价和结算。

(3) 融资活动获得的货币以及保存从经营活动中收取款项所使用的货币。

企业选定境外经营（指企业在境外的子公司、合营企业、联营企业、分支机构；在境内的子公司、合营企业、联营企业、分支机构采用不同于企业记账本位币的，也视同境外经营）的记账本位币，还应当考虑下列因素：

(1) 境外经营对其从事的活动是否拥有很强的自主性。

(2) 境外经营活动中与企业的交易是否在境外经营活动中占有较大比重。

(3) 境外经营活动产生的现金流量是否直接影响企业的现金流量，是否可以随时汇回。

(4) 境外经营活动产生的现金流量是否足以偿还其现有债务和可预期的债务。

(四) 外币户的设置

在核算外币业务时，企业应当设置相应的外币户。

外币户是指按外币进行计价和结算的账户，具体包括外币现金、外币银行存款以及按外币结算的债权和债务账户。按外币结算的债权账户包括应收账款、应收票据、其他应收款、预付账款等，按外币结算的债务账户包括短期借款、长期借款、应付账款、应付票据等。以上这些外币户在进行记录登记时除记载实际发生的外币金额外，还应同时记载相应折算的记账本位币金额。

非外币户是指同外币业务有关但不按外币进行计价和结算，只按记账本位币进行记账的账户。例如：发生进口业务时的固定资产账户，当把固定资产账户的外币折算成按记账本位币反映的人民币之后，该账户的外币记录只是一个参考记录；发生出口业务时的主营业务收入账户，当把该账户的外币折算成按记账本位币反映的人民币之后，该账户的外币记录只是一个参考记录。实际工作中，外贸企业的大量账户都属于非外币户。

(五) 外币业务核算的基本程序

企业发生外币业务时，其会计核算的基本程序如下：

(1) 对企业发生的外币业务，根据规定的汇率将外币金额折算为记账本位币金额，编制有关凭证。

(2) 根据相关凭证登记有关外币户和非外币户。在登记外币户时，一方面要记录所发生的外币金额，另一方面要登记按照一定汇率折算的记账本位币金额，即要对外币户作出双重记录。为了反映业务发生时的外币折算过程，对外币折算时所采用的汇率通常要登记在外币户中，对于非外币户则可直接登记所折算的记账本位币金额。当然，为了全面记录经济业务的来龙去脉，在记录记账本位币的同时记录外币金额也是一种较好的记录手段，实际工作中许多企业都采取对非外币户同时作出双重记录的方式。

(3) 按照《企业会计准则》的要求处理所发生的货币兑换业务。

(4) 调整确认外币户的汇兑损益。期末（指月末、季末或年末，下同）对各种外币户（包括外币现金、外币银行存款以及按外币结算的债权和债务）的期末余额，按照期末市场汇率折算为记账本位币金额，并将外币户期末余额折算为记账本位币的金额与相应的外币户的记账本位币期末余额之间的差额，确认为汇兑损益。

(六) 外币业务核算的基本方法

企业对进出口业务的核算采用的方法有外币统账法和外币分账法。外币统账法是指以某种货币（如人民币）为记账本位币记录企业发生的所有外币业务的外币记账方法；外币分账法是指在外币业务发生时直接按外币记账，不反映相应折算的记账本位币金额的记账方法。外贸企业多采用外币统账法。在此方法下，对所发生的外币业务，如外币现金和外币银行存款的增加或减少、按外币结算的收付往来、借入外币资金与偿还以及不同货币之间兑换等外币业务的核算都要按照企业确定的汇率折算为记账本位币，在外币户中要在记录外币金额的同时记录所折算的记账本位币金额，即应作出双重记录；而在非外币户中一般只需要按记账本位币作出记录。上文外币业务核算的基本程序即为外币统账法下的程序，也是外贸企业目前采用的外币业务核算的基本方法。

(七) 汇兑损益的核算

汇兑损益是指外币货币性项目因资产负债表日即期汇率与初始确认时或前一资产负债表日即期汇率不同而产生的汇兑差异。货币性项目是指企业持有的货币资金和将以固定或可确定的金额收取的资产或偿付的负债。汇兑损益实际上是外汇风险在会计上的具体表现。根据产生的业务，企业经营期间正常发生的汇兑损益一般可划分为以下四种：

(1) 在发生以外币计价的交易业务时，因收回或偿付债权、债务而产生的汇兑损益，称为“交易外币汇兑损益”。

(2) 在发生外币与记账本位币或一种外币与另一种外币进行兑换时产生的汇兑损益，称为“兑换外币汇兑损益”。

(3) 在现行汇率制下，会计期末将所有外币性债权、债务和外币性货币资金账户，按期末社会公认的汇率进行调整而产生的汇兑损益，称为“调整外币汇兑损益”。

(4) 会计期末为了合并会计报表或为了重新修正会计记录和重编会计报表，而把外币计量单位的金额转化为记账本位币计量单位的金额，在此过程中产生的汇兑损益，称为“换算外币汇兑损益”。

汇兑损益的确认方法有逐笔折算法和集中折算法两种。

1. 逐笔折算法

逐笔折算法，即对每一笔外币业务均应当采用交易发生日的即期汇率（也可以采用按照系统、合理的方法确定的与交易发生日即期汇率近似的汇率）将外币金额折算为记账本位币金额反映，每结算一次或收付一次，依据账面汇率计算一次汇兑损益，期末再按市场汇率进行调整，调整后的期末人民币余额与原账面人民币余额之间的差额作为当期汇兑损益。在这种方法下，外币资产和负债的增加采用企业选用的市场汇率进行折算；外币资产和负债的减少选用账面汇率进行折算，其账面汇率的计算可以采用先进先出法、加权平均法等方法确定。

2. 集中折算法

集中折算法，即对每一笔外币业务均应当采用交易发生日的即期汇率（也可以采用按照系统、合理的方法确定的与交易发生日即期汇率近似的汇率）将外币金额折算为记账本位币金额反映，除外币兑换业务外，平时不确认汇兑损益，待期末将所有的外币户的期末原币金额按当日公布的市场汇率的中间价（即期汇率）进行汇率调整后，汇总确认汇兑损益。

逐笔折算法和集中折算法计算的结果是一致的。

外汇风险所发生的汇兑损益需要通过会计核算来加以确认，这就产生了汇兑损益确认归属问题，具体涉及以下原则：

（1）企业因采购、销售商品、提供劳务等业务发生的汇兑损益，计入当期损益。

（2）为购建固定资产发生的汇兑损益，在固定资产达到预定可使用状态前发生的，计入购建成本；在固定资产达到预定可使用状态后发生的，计入当期损益。

（3）为购入无形资产发生的汇兑损益，全部计入无形资产。

（4）企业筹建期间发生的，并入开办费，自企业投产营业之日起一次摊销计入损益。

（5）对外投资和收回投资时发生的，计入当期损益。

（6）企业支付投资者利润时发生的，计入当期损益。

（7）企业内部外币转账业务发生的折合记账本位币差额和外币现钞，存入外币存款户，或从外币存款户支取外币现钞发生的折合记账本位币差额，计入当期损益。

（8）企业终止清算期间发生的，计入清算损益。

（八）外币业务的账务处理

1. 进口商品业务

企业从国外或境外购进原材料、商品或引进设备时，应当按照当日的即期汇率（或即期汇率的近似汇率）将实际支付的外币或应支付的外币折算为记账本位币记账，以确定购入原材料等货物的入账价值和发生债务的入账价值，同时应按照外币的金额登记有关外币户。

借：商品采购

　贷：应付外汇账款——××公司（外币户）

2. 出口商品业务

企业对外销售商品时，应当按照当日的即期汇率（或即期汇率的近似汇率）将实际收到的外币或应收的外币折算为记账本位币记账，以确定销售收入的入账价值和发生的债权的入账价值，同时应按照外币的金额登记有关外币户。

借：应收外汇账款——××公司（外币户）

　贷：自营出口销售收入

3. 外币支付业务

企业通过银行支付所欠的应付账款，一方面减少了企业的外币银行存款，另一方面，企业的应付账款随之减少，按折算方法选择相应汇率，故可能有汇兑损益。

借：应付外汇账款——××公司（外币户）

　　财务费用——汇兑损益

　贷：银行存款——外币户

或者

借：应付外汇账款——××公司（外币户）

　贷：银行存款——外币户

　　　财务费用——汇兑损益

4. 接受外币资本投资业务

外商投资企业接受外币投资时，根据《企业会计准则》的规定，相应的资产账户和实收资本账户都应当按收到出资额当日的即期汇率进行折算。

借：银行存款——外币户　（投资的外币款×当日即期汇率）

　贷：实收资本

5. 外币借贷业务

企业由于生产经营的需要可以按照国家的规定借入外币资金。企业借入外币时，按照借入外币时的市场汇率将外币折算为记账本位币记入银行存款账户，同时按照借入外币的金额及所折算的记账本位币金额登记其对应的负债账户。由于所涉及的账户均为外币户，因此要作出双重记录进行反映。

（1）短期借款：

1）借款时：

借：银行存款——外币户

　贷：短期借款——外币户

2）借款到期，还本付息时：

　应计利息＝借款外币总额×利率×期数

借：短期借款——外币户　（账面金额）

　　财务费用——利息支出　（应计利息×借款日即期汇率）

　　　　　　——汇兑损益

　贷：银行存款　（借款本息外币总额×当日即期汇率）

（2）长期借款：

1）借款时：

借：银行存款——外币户

　贷：长期借款——外币户

2）每年计提利息：

　应计利息＝借款总额×年利率

借：财务费用——利息支出　（应计利息×当日即期汇率）

　贷：长期借款——外币户

3）年末汇兑调整：

　按年终汇率调整后人民币余额＝本息合计外币额×期末汇率

　发生差额＝按年终汇率调整后人民币余额－长期借款账面金额

发生差额为正，汇兑收益：

借：长期借款 （发生差额）

　贷：财务费用——汇兑损益

发生差额为负，汇兑损失：

借：财务费用——汇兑损益 （发生差额的绝对值）

　贷：长期借款——外币户

4）还本付息：

借：长期借款——外币户 （账面金额）

　　财务费用——汇兑损益

　贷：银行存款——外币户 （长期借款本息外币总额×当日即期汇率）

6. 货币兑换业务

货币兑换业务是指企业所发生的在人民币与外币之间或不同外币之间的兑换业务。在实际工作中，企业所发生的货币兑换业务的具体兑换过程由银行来完成，企业会计人员只需要对兑换的结果作出账务处理即可。

货币兑换业务具体包括：

(1) 企业以人民币从银行等金融机构购入外币（对于银行来说，则是卖出外币）。

借：银行存款——外币户 （购入外币数×即期汇率）

　　财务费用——汇兑差额

　贷：银行存款——人民币户 （购入外币数×卖出汇率）

(2) 企业向银行等金融机构售出外币（对于银行来说，则是买入外币）。

借：银行存款——人民币户 （售出外币数×买入汇率）

　　财务费用——汇兑差额

　贷：银行存款——外币户 （售出外币数×即期汇率）

(3) 以一种外币兑换另一种外币。发生的外币交易涉及人民币以外的货币之间折算的，按开户银行卖出价计算换出外币的人民币价值，再将换得人民币按开户银行买入价计算换入外币的价值，但登记外币户时均按中间价入账，差额计入汇兑差额。

借：银行存款——换入外币户 （换入外币数×中间汇率）

　　财务费用——汇兑差额

　贷：银行存款——换出外币户 （换出外币数×中间汇率）

说明：$\text{换入外币数}=\dfrac{\text{换出外币数}\times\text{买入汇率}}{\text{换入外币卖出汇率}}$

学习情境二

出口业务核算

【职业能力目标】

1. 掌握企业出口业务的基本流程。
2. 理解贸易术语，读懂合同，识别贸易单证，并对其进行审核。
3. 能根据合同对信用证进行审查。
4. 能正确审核、辨识出口业务的相关原始凭证。
5. 掌握自营出口商品从国内采购到出口退税的业务核算。
6. 能正确地进行代理出口业务的账务处理。
7. 能正确地理解出口退税的相关规定，并根据不同的业务情境进行计算与账务处理。

模块一
出口业务认知

情境引例

表 2-1 是唐朝纺织服装有限公司和加拿大客户就女式全棉运动上衣达成交易的出口贸易实务基本资料。

表 2-1　基本资料

外贸公司	唐朝纺织服装有限公司 TANG TEXTILE GARMENT CO.，LTD
国外客户	FASHION FORCE CO.，LTD
交易商品	LADIES COTTON BLAZER 女士全棉运动上衣
成交方式	CIF
付款方式	即期信用证（L/C AT SIGHT）
通 知 行	中国银行江苏分行
出口口岸	上海
服装加工厂	季节制衣有限公司
面、辅料工厂	百合纺织有限公司
货运代理公司	凯通国际货运代理有限公司
承运船公司	中国远洋集装箱运输有限公司
备注说明	本次交易涉及贸易公司业务部、单证储运部、财务部三个部门，以及工厂、货运代理公司等。在实际业务中，租船订舱、报验、申领核销单、申请配额等工作往往是贸易公司各个部门同时进行的，次序不分先后。

一、交易磋商

唐朝纺织服装有限公司（以下简称唐朝公司）成立于 1992 年，是经国家批准的具有进出口经营权的贸易公司，从事纺织服装等产品进出口业务。公司拥有多家下属工厂，产品主要销往欧洲、北美、日本等国家和地区。

加拿大客户 FASHION FORCE CO.，LTD（以下简称 F. F. 公司）与唐朝公司是合作多年的业务伙伴。

2014 年 12 月 2 日，F. F. 公司传真一份制作女式全棉运动上衣的通知，并邮寄面料、色样和一件成衣样品给唐朝公司，要求唐朝公司于 2015 年 3 月 25 日前交货，并回寄面料、色样和两件不同型号的成衣样品确认。

2014 年 12 月 8 日上午，唐朝公司收到该样件后，立即联络百合纺织有限公司（面、辅料工厂，以下简称百合纺织），根据 F. F. 公司提供的样件打品质样和色卡，然后用 DHL 邮寄给 F. F. 公司确认。

2014 年 12 月 12 日，F. F. 公司收到唐朝公司寄来的样件，回复确认合格，要求唐朝公司再寄两件不同型号的成衣样品供其确认。接此通知，唐朝公司立即联络季节制衣有限公司（服装加工厂，以下简称季节制衣）赶制成衣样品。12 月 17 日下午，季节制衣将两件不同型号的成衣样品送到唐朝公司。当天，唐朝公司又将该成衣样品用 DHL 邮寄给 F. F. 公司确认，并以百合纺织和季节制衣的报价、公司利润等为基础，根据国内费用、海洋运费、成交方式等资料核算出口成本后，以每件 12.80 美元的价格报盘。

2014 年 12 月 22 日，F. F. 公司收到唐朝公司寄来的成衣样品和报盘后，确认样品合格，但是认为价格偏高，于 12 月 24 日还盘。唐朝公司收到还盘后，于当天立即回函强调原价的合理性以及不能更改价格的理由。

经过多次磋商，2014 年 12 月 26 日，双方最终确定以每件 12.80 美元的报价成交。F. F. 公司要求唐朝公司根据该份报价单制作销货合同（见附件 1）传真给其会签，同时传真形式发票（见附件 2）供其开具信用证。

合同签订后，双方就成衣细节进行修改和最终确认。

二、落实信用证

2015 年 1 月 31 日，中国银行江苏分行通过信用证通知书（见附件 3）通知唐朝公司收取 F. F. 公司通过 BNP PARIBAS（CANADA）MONTREAL 银行开来的编号为 63211020049 的信用证（见附件 4）电开本。

三、出口备货

收到信用证后，2015 年 2 月 1 日，唐朝公司立即与早已联络好的季节制衣签订服装购销合同（见附件 5），指定季节制衣使用百合纺织的面、辅料。2 月 5 日，季节制衣正式投产。

根据信用证规定，3 月 2 日，唐朝公司寄出四件不同型号的成衣样品给 F. F. 公司检验。3 月 6 日，F. F. 公司收到成衣样品后，经检验合格，签发客检证正本一份并由 DHL 寄回唐朝公司。

四、租船订舱

本批出口商品系采用集装箱班轮运输，故在落实信用证和备货时，唐朝公司即向上海各家货运代理公司询价，最终确定委托上海凯通国际货运代理有限公司（以下简称上海凯通）代为订舱，以便及时履行合同和信用证项下的交货和交单业务。

2015 年 3 月 9 日，服装全部生产、包装完毕，季节制衣制作装箱单（见附件 6）传真给唐朝公司。唐朝公司根据季节制衣报来的装箱单，结合合同和信用证货物明细描述，开列出仓通知单（见附件 7），单证储运部门根据出仓通知单、季节制衣制作的装箱单、信用证统一缮制全套出运单据。出运单据包括出口货物明细单（见附件 8）、出口货物报关单（见附件 9）、商业发票（见附件 10）和装箱明细单（见附件 11）。

单证储运部门先将出口货物明细单传真至上海凯通配船订舱，确认配船和费用后，准备全套报关单据［出口货物明细单、报关委托书、出口货物报关单、商业发票、装箱单、输加拿大纺织品出口许可证（海关联）（见附件 12）］寄到上海凯通用于报关、出运。同时，准备普惠制产地证（见附件 13）用于出运后寄客户作进口清关。

上海凯通在确认配船和费用后，传真送货通知给唐朝公司，要求唐朝公司 3 月 16 日中午前将货物运至指定仓库。

五、出口报验

由于唐朝公司出口的女式全棉运动上衣属于法定检验的商品范围，因此在商品报关时，报关单上必须有检验机构的检验放行章方可报关。于是，2015 年 3 月 9 日，唐朝公司寄出商业发票、装箱单和报检委托书等，委托季节制衣向无锡出入境检验检疫局申请出口检验。

申请出口商品检验时，季节制衣必须填写出境货物报检单（见附件 14），并随附报检委托书、外销合同、信用证复印件、商业发票、装箱单、纸箱证等单据。

3 月 13 日，此批货物经检验合格，无锡出入境检验检疫局出具换证凭单（见附件 15）给季节制衣。当天，季节制衣将换证凭单寄给唐朝公司委托的上海凯通用于报关。

六、申请配额

2015 年 3 月 9 日，唐朝公司向外经贸委申领纺织品配额。3 月 13 日，拿到已签发的输加拿大纺织品出口许可证。

七、出口报关

申领部门拿到核销单和输加拿大纺织品出口许可证后，2015 年 3 月 13 日，将上海凯通报关所需的报关委托书、出口货物报关单、商业发票、装箱单、外销合同、输加拿大纺织品出口许可证用快件寄出。

3 月 14 日，上海凯通收到唐朝公司寄来的上述单据。

3 月 15 日上午，上海凯通收到季节制衣寄来的商检换证凭单，当天下午即凭单到上海出入境检验检疫局换取出境货物通关单（见附件 16）。

3 月 16 日上午，唐朝公司根据上海凯通的送货通知按时将货物送到上海凯通指定的仓库。3 月 16 日下午，上海凯通即向上海海关报关，以免耽误 3 月 20 日的船期。

上海凯通在报关前，上网向上海海关进行核销单的口岸备案，并如实向海关申报成交方式（CIF），按成交方式申报成交总价、运费等。

报关时需填写中华人民共和国海关出口货物报关单（白色的报关联和黄色的出口退税

联），并随附报关委托书、商业发票、装箱单、出境货物通关单、输加拿大纺织品出口许可证等单证向海关报关，海关依此份报关单验货，并退回已盖章的核销单和两份报关单。报关通过后，上海凯通安排集装箱拖货至船公司指定的码头。

八、出口保险

由于是按 CIF 条件成交，保险由唐朝公司办理。因此，2015 年 3 月 16 日，唐朝公司按约定的保险险别和保险金额向保险公司投保。

投保时应填制投保单（见附件 17）和支付保险费，并随附商业发票，保险公司凭以出具保险单（见附件 18）。

【提示】 实际业务中，一些和外贸公司长期合作的保险公司，有时只需外贸公司提供商业发票，甚至可以不填制投保单，直接凭商业发票出具保险单。

九、装船出运

上海凯通接受唐朝公司的订舱委托后，2015 年 3 月 12 日，根据唐朝公司提供的出口货物明细单缮制集装箱货物托运单，这是外运机构向船公司订舱配载的依据。该托运单一式数联，分别用于货主留底、船代留底、运费通知、装货单、缴纳出口货物港务费申请书、场站收据（见附件 19）、货代留底、配舱回单、场站收据副本（大副联）（见附件 20）等，其中比较重要的单据是装货单（Shipping Order，S/O）和场站收据副本（Mate's Receipt，M/R）。

3 月 19 日，货物离港前，上海凯通传真海运提单（见附件 21）给唐朝公司确认。

3 月 20 日，在确定货物安全离港后，唐朝公司传真装运通知（见附件 22）给 F. F. 公司。

3 月 22 日，唐朝公司将海运提单复印件、输加拿大纺织品出口许可证（正本）、商业发票、装箱单、加拿大海关发票、普惠制产地证用 DHL 寄给 F. F. 公司供其作进口清关用，同时将 DHL 回执留存准备缮制议付单据。

十、制单结汇

在办理货物出运的同时，唐朝公司也开始了议付单据的制作。2015 年 3 月 20 日，上海凯通作为承运人——中国远洋运输公司下属的中国远洋集装箱运输有限公司的代理，签发了 COS6314203208 号提单。根据信用证的规定，唐朝公司备齐了全套议付单据［3/3 海运提单正本、商业发票、装箱单、普惠制产地证、受益人证明（见附件 23）、客检证、货物运输保险单］，于 4 月 2 日向议付银行——中国银行江苏分行交单议付。

十一、财务付款

3 月 22 日，唐朝公司的财务人员收到上海凯通寄来的海运费发票（见附件 24）和港杂费发票（见附件 25）。

3 月 27 日，唐朝公司收到季节制衣寄来的增值税专用发票（见附件 26）和税收（出口货物专用）缴款书（见附件 27）。

议付单据交单后，3 月 30 日，唐朝公司财务人员向季节制衣支付货款，并和上海凯通结清海运费、港杂费等费用，同时催上海凯通退核销单。

十二、出口退税

4 月 25 日，唐朝公司的财务人员将公司需要办理的增值税发票整理后一并向南京市国家税务局申报进行发票认证。当天，拿到南京市国家税务局认证结果通知书（见附件 28）和认证清单。

4 月 26 日，唐朝公司财务人员将退税要用的单据收集齐全无误后装订成册。其中，核销单（国家外汇管理局江苏省分局退回的出口退税专用联）、报关单（黄色出口退税联）、商业发票为一册，增值税专用发票（抵扣联）、出口专用缴款书、认证结果通知书、认证清单为一册，并在退税申报软件中逐条录入进货明细和申报退税明细。录入完毕，核对无误后打印并生成退税所需的表格和软盘，连同外贸企业出口货物退税汇总申报审批表（见附件 29）送交南京市外经贸局稽核处加盖稽核章。

5 月 7 日，唐朝公司财务人员将上述资料送交南京市国家税务局稽核部门待批。5 月 28 日，接到南京市国家税务局通知，于 5 月 7 日申报的资料已通过。5 月 29 日，唐朝公司财务人员到银行查询，查到申报退税额已足额退回。

至此，该笔业务顺利完成。

任务下达

【任务 1】分析以上业务过程，通过各种途径查阅相关资料，画出出口流程图。

【任务2】根据销货合同和形式发票，阅读收到的信用证各项条款，找出信用证中的关键点，并进行相应的审核。

信用证的要点：

1. 开证行：______
2. 通知行：______
3. 不可撤销信用证号：______ 开证日期：______
4. 信用证有效期及地点：______
5. 申请人：______
6. 受益人：______
7. 信用证金额：______
8. 商品描述：______
9. 分批装运及转船运输：______
10. 最后装船期：______

【任务3】找出本学习情境附件中单据的出处，并指出哪些是财务人员的有效凭证。

类　型	单位名称	来　源	会计相关凭证
出口单据	形式发票	出口商自制	√
	信用证通知书	出口地银行制作	
	信用证修改通知书		
	商业发票		
	装箱单		
	国际海运委托书		
	国际空运委托书		
	配舱回单		
	进仓通知单		
	出境货物报检单		
	出境货物通关单		
	商检证书——品质证书		
	商检证书——健康证书		
	商检证书——植物检疫证书		
	商检证书——数量/重量检疫证书		
	一般原产地证		
	普惠制产地证		
	申请鉴定表		
	货物运输条件鉴定书		
	投保单		
	货物运输保险单		
	航空运单		
	出口货物报关单		
	报关单（出口退税联）		
	国际货运代理发票		
	海运提单		
	托收委托书		
	出口押汇申请书		
	汇票		
	境内汇款申请书		
	增值税专用发票		

【任务 4】通过填写以下表格，了解出口业务的内外环境。

操作步骤	办事部门	相关的网站地址

背景知识

一、出口业务的经营类型

随着我国对外贸易体制的改革和完善，我国出口贸易企业的发展要呈现多元化趋势，各行各业的大小企业，经申请核准才能从事涉外经营。这些涉外企业，性质不同，行业有别，规模不一。根据出口货物的性质，出口业务的经营类型可以划分为贸易出口、援外出口、来料加工出口、补偿贸易出口等。

（1）贸易出口。贸易出口是指进出口双方经过磋商，达成协议，签订合同，通过办理结算与销售货物，取得货款的一种交易行为。贸易出口按不同标准，还可以划分为具体的贸易出口经营方式。

（2）援外出口。援外出口是指根据我国与受援国政府签订的协定或协议，逐级下达给有关外贸企业执行的出口业务。首先，按照规定的商品或物资的品种、规格、数量、包装、交货日期等及时组织出口货源；然后，按照规定的交货条件及计价办法办理对外出口运输和交单结算手续，但银行不结付货款，交货后按进价加一切费用的报账原则列出成本单，逐级上报，办理货款归收手续。

（3）来料加工出口。来料加工出口是指从国外客户进口原材料，组织国内生产企业加工为成品再行出口，从中收取加工费的一种出口业务。

（4）补偿贸易出口。补偿贸易出口是指在信贷基础上，采取从国外客户进口机器设备、技术，作价形成贷款，而后用该机器设备生产的产品偿还贷款的一种特殊出口业务。

二、进口业务程序

对外贸易流程中的环节很多，各个环节之间往往都有着密切的联系。在实际工作中，还经常出现先后交叉进行的情况。总的说来，进出口业务程序大体可分为交易前的准备、交易磋商和签订合同、履行合同三个阶段。

（1）交易前的准备。该阶段主要包括：进行国际市场调查研究；制定经营方案；按照经营方案选择市场和客户，组织和落实货源（买主或卖主）；开展广告宣传等。

（2）交易磋商和签订合同。该阶段主要是根据方针政策、国际规则和企业的经营意图，按照经营方案，运用国际市场通用做法，与国外客户就所经营的货物及其交易条件进行磋商，通过发盘、还盘和接受的程序达成协议。根据我国法律，对外贸易合同必须采用书面形式，买卖双方当事人履行各自义务和处理争议要以书面合同为依据。

（3）履行合同。履行合同即买卖双方当事人根据合同规定履行各自的义务。任何一方违反合同的规定，并使对方遭受损失时，均应依法承担赔偿对方损失的责任。

就进出口企业而言，履行出口合同的工作主要包括：按照合同备妥货物，如采用信用证收汇方式，要向客户催开信用证并于收到后根据合同进行审核，发现不符又不能接受的，应立即通知客户修改；然后向运输机构办理委托运输和装运等手续，其中包括租船（订舱）、报检、报关、保险、装船（或其他运输工具）等工作；在货物装运后，缮制单据，办理申领必要的出口凭证和证件；最后向银行办理交单结汇（收取货款）等手续。履行进口合同，与出口合同内容相对应。

在履行合同的过程中，若发生违约并造成一方受损，就要进行索赔和理赔工作。在处理索赔、理赔的过程中，若发生争议，则应以合同条款为依据，按照法律和惯例进行处理。

在出口贸易最初的交易磋商的过程中，财务人员要参与谈判，共同审核合同。因为在这个环节，财务人员主要负责经济效益核算和外汇、资金方面的审查，所以要完成这项工作任务，财务人员应熟悉各种有关的业务知识，如商品价格的表示、出口商品报价的核算、进出口业务的支付方式和信用证的审核。

三、商品价格的表示

商品的价格主要由计价货币、单位金额、计量单位和贸易术语四部分组成，如USD16.00/DOZ CIF C3% DUBAI。

（一）计价货币

在进出口业务中常用的计价货币有人民币（CNY）、美元（USD）、日元（JPY）、欧元（EUR）、英镑（GBP）、瑞士法郎（CHF）、加拿大元（CAD）、菲律宾比索（PHP）、俄罗斯卢布（SUR）、新加坡元（SGD）、韩国元（KRW）、泰铢（THB）、印尼盾（IDR）、澳大利亚元（AUD）、港元（HKD）、新西兰元（NZD）。

在出口贸易中尽量选用“硬币”（指该货币汇率总体呈现上浮趋势）报价，以减少因汇率变动而遭受的损失。

（二）计量单位

常用的计量单位有六种：

（1）重量：包括 gram，kilogram，ounce，pound，metric ton，long ton，short ton 等。

（2）件数：包括 piece，pair，dozen，gross，set，carton，case，package 等。

（3）长度：包括 metre，foot，yard 等。

（4）面积：包括 square metre，square foot，square yard 等。

（5）体积：包括 cubic metre，cubic foot，cubic yard 等。

（6）容积：包括 litre，gallon，bushel 等。

（三）贸易术语

贸易术语（Trade Terms）又称价格术语或交货条件，用一个简短的概念或三个字母的缩写来说明价格构成及买卖双方有关责任、费用和风险的划分，以确定买卖双方在交接货物过程中应尽的责任和义务。

（1）风险的分界点表示：如果在营业过程中发生了货物的灭失与毁损，进出口双方要在何时和哪一点上分别承担各自的那一部分。

（2）责任的分界点表示：谁将申请许可证、安排运输和保险、办理通关手续等。

（3）费用的分界点表示：哪些费用已包含在价格之中，哪些费用由进口方单独支付。

贸易术语不仅决定了国际货物买卖合同的性质，而且可以明确责任、规范行为、简化手续，具有法律约束力。

国际上具有较大影响的贸易术语惯例有三个：一是国际法协会为解释 CIF 合同而制定的《1932 年华沙-牛津规则》，二是《1941 年美国对外贸易定义修订本》，三是《国际贸易术语解释通则》。其中，《国际贸易术语解释通则》最具影响力。

《2010 年国际贸易术语解释通则》对 11 种贸易术语作了解释，按照运输方式划分为两组，如表 2-2 所示。

表 2-2　11 种贸易术语简表

适用于任何单一运输方式或多种运输方式的贸易术语	
EXW（EX Works）	工厂交货
FCA（Free Carrier）	货交承运人
CPT（Carriage Paid To）	运费付至
CIP（Carriage and Insurance Paid to）	运费、保险费付至
DAT（Delivered At Terminal）	运输终端交货
DAP（Delivered At Place）	目的地交货
DDP（Delivered Duty Paid）	完税后交货
适用于海运和内河水运的贸易术语	
FAS（Free Along Side）	船边交货
FOB（Free On Board）	船上交货
CFR（Cost and Freight）	成本加运费
CIF（Cost，Insurance and Freight）	成本、保险加运费

不同的贸易术语反映不同的交货方式，下面就三种最常用的贸易术语进行着重介绍。

1. FOB——船上交货

“船上交货”是指当货物在指名起运港越过船舷时，卖方即完成交货。这就是说，买方应从这一点开始负担一切费用和货物灭失与毁损的风险。本条款要求卖方做出口清关工作。FOB关键点详见图2-1。

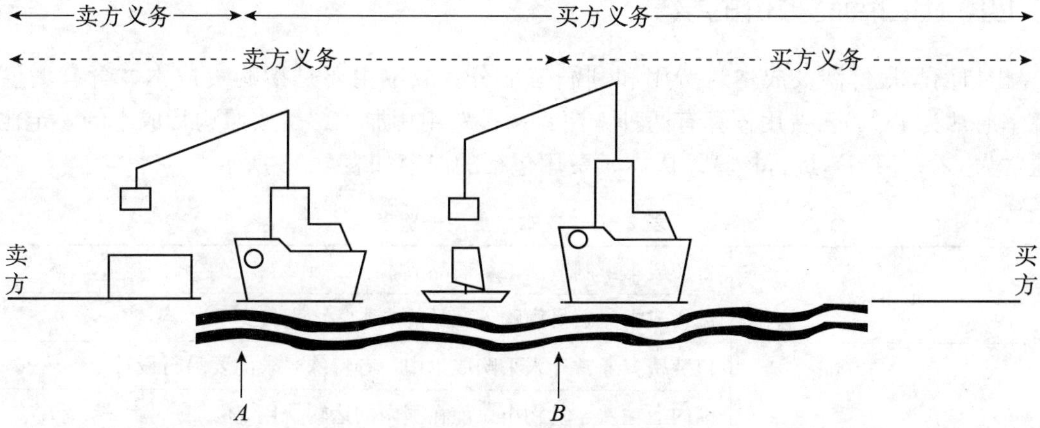

图2-1　FOB关键点

说明：*B*点是指如果船大不能靠近港口码头而使用了驳船时，买方和卖方的关键点。在这种情况下，左边虚线部分为卖方风险、责任、附加费用范围，右边虚线部分为买方风险、责任、附加费用范围。

2. CFR——成本加运费

“成本加运费”是指货物在起运港越过船舷完成了交货，但是卖方必须支付将货物运送到指名目的港所需的开支和运费，货物灭失与毁损的风险以及交货后各种事件所引起的一切附加费用都转由买方负担。CFR关键点详见图2-2。

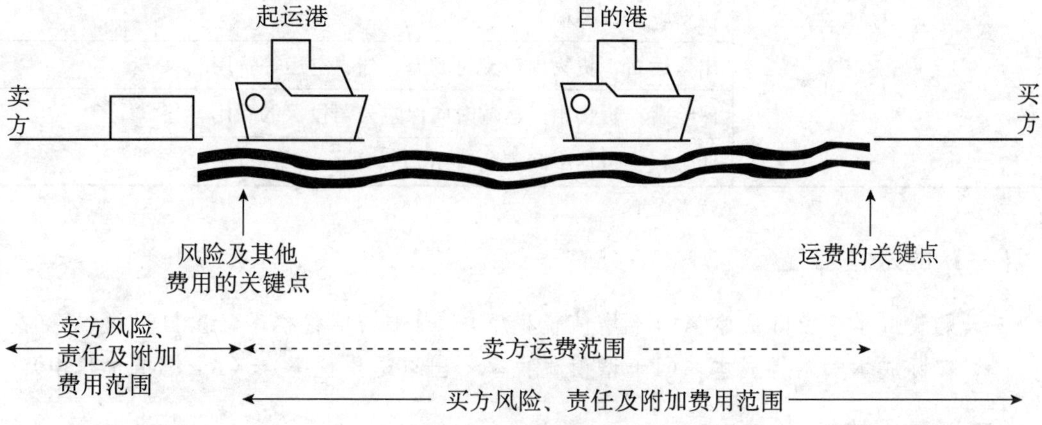

图2-2　CFR关键点

3. CIF——成本、保险加运费

成本、保险加运费条款与成本加运费条款极为相似，只是加上了保险合同，也就是说，卖方还应购买海运保险以应付运输途中买方的风险。卖方应订立保险合同并支付保险费，这一保险只要求按最低范围投保。如果买方希望取得更大范围的保险，应和卖方明确商定或自己另行添加保险。

【提示】最低范围，在国外是指伦敦保险协会货物保险条款中的C级险（A级为最广，B级为中等，C级为最少保障），在我国大致相当于“平安险”。因为CIF是卖方代买方投保的，而买方可能在中途卖掉在运的货物，而且买方还可能一再转卖，从而使卖方无法了解最终买方的保险要求，所以只能代为投保最低级险。如有需要，后续买方应自行补充投保。

四、出口商品报价的核算

出口商品报价涉及成本、费用和利润三部分。成本主要是指购货成本，含有增值税（税率通常为17%）。费用核算有两种方法：一是费用相加，二是按照购货成本的一定比率（通常为3%～10%）进行核算。成本、费用包括的内容如表2－3所示。

表2－3　成本、费用一览表

成本	自产成本：制造加工等商品成本
	进货成本：贸易商购入商品的成本
费用	包装费：通常计入采购成本中，有特殊要求的要另行设计
	国内运输费：货物出口前在国内的运输费用
	港杂费：货物出运在码头所需支付的各种费用
	认证费：出口许可证、配额、原产地证明等费用
	商检费：货物提交检验、获取检验证书的费用
	业务费用：出口方经营业务过程中发生的费用
	利息：出口方尚未结汇时因垫付资金发生的利息
	银行手续费：出口方委托银行代为收取货款、进行资信调查等的费用
	税费：出口关税等
	出口运费：货物出口支付的海、陆、空运等费用
	保险费：货物出口运输时向保险公司投保的费用
	佣金：支付给中间商的费用

（一）成本核算

购货成本＝实际成本×(1＋增值税税率)÷(1＋增值税税率－出口退税税率)

实际成本＝购货成本×(1＋增值税税率－出口退税税率)÷(1＋增值税税率)

（二）费用核算

1. 运费计算

件杂货运费＝基本运费＋附加费

集装箱拼箱货运费＝基本运费＋附加费

集装箱整箱货运费＝包箱运费＋附加费

基本运费和附加费如图2－3所示。

- 运费
  - 基本运费
    - 运费吨
      - 重量费率（W/T）
      - 体积费率（M/T）
      - W/M 孰高费率
      - ×分级费率
    - 从价费率（Ad. Val）
    - 按件数
    - 议价法
    - 综合法
  - 附加费
    - 超重附加费
    - 超长附加费
    - 转船附加费
    - 港口附加费
    - 港口拥挤附加费
    - ……

图 2－3　基本运费和附加费

说明：(1) 除从价费率外，一律采用米制：米吨和立方米。这两者都称为“运费吨”，即立方米要折算成米吨，如 1 立方米＝35.3 立方英尺＝1 米吨；

(2) 标注“W/T”按毛重每一米吨为计量单位，米吨以下取三位小数；

(3) 标注“M/T”按体积每一立方米为计量单位，立方米以下取三位小数；

(4) 标注“W/M”按重量及体积两者中计费高者计收；

(5) 标注“Ad. Val”按货物 FOB 价格计价。

【提示】FAK（Freight for All Kinds）包箱费率，是指对每一集装箱不分货物等级统一收费；FCS（Freight for Class）包箱费率，是指按不同货物等级制定的费率；FCB（Freight for Class & Basis）包箱费率，是指按不同货物等级或货类制定的费率。

2. 保险费计算

保险费＝保险金额×保险费率

保险金额＝CIF 货价×（1＋保险加成率）

CIF＝CFR÷［1＋（1＋保险加成率）×保险费率］

【提示】通常以发票金额的 110%作为保险金额投保，保险加成率一般为 10%。

3. 佣金计算

佣金是指在合同或贸易条件中规定的应付给中间商的推销报酬。按支付方式不同，佣金分为以下三种：

(1) 明佣（Price Including Commission）。明佣又称发票内佣金，是指在合同或贸易术语中规定并在出口发票中列明的佣金。明佣由国外客户在支付出口货款时直接扣除，因而出口企业无须另付。如“CFR C2%香港”指 CFR 条款的货价中包含 2%的佣金，卖方按扣除佣金后的净销货款收汇，另由买方直接对中间商支付佣金，卖方无须单独为佣金办理支付手续。

(2) 暗佣（Price Excluding Commission）。暗佣又称发票外佣金，是指在出口合同中订有佣金内容，但在贸易术语和出口发票上均未列明的佣金。暗佣在价格条款中未作规定，出口发票只列明销售货物的含佣价总额，但在与中间商签订的代理合同或买卖双方的付佣约定中规定有佣金率和付佣方式。对于暗佣，由外贸企业将出口货款全额收回后，再另行支付给国外中间商（以汇付方式支付）。

（3）累计佣金（Accumulative Commission）。累计佣金是指出口商与国外包销商、代理商签订协议，规定在一定时期内按累计销售金额和相应的佣金率定期支付的佣金。

含佣价＝净价÷（1－佣金率）

净价＝含佣价－佣金

佣金＝含佣价×佣金率

（三）利润核算

利润＝成本×利润率

利润＝价格×利润率

五、国际贸易结算方式

国际贸易结算在实际操作中有记账结算和现汇结算两种，见表 2-4。

表 2-4　国际贸易结算方式

类型	特点
记账结算	是指贸易双方按照两国政府间签订的支付协定中的有关条款，贸易双方结算均通过两国银行间开立的清算账户办理，平时结算不必用现汇支付，至协定年度终了，对账户的差额进行清算。
现汇结算	是指以两国贸易部门签订的贸易合同为依据，办理进出口业务时，双方均以现汇逐笔结清。

现汇结算主要采用信用证、汇付和托收。前者为银行信用，后两者为商业信用。其内容如图 2-4 所示。

- 现汇结算方式
  - 信用证
    - 即期信用证
      - 即期汇票（S/D）
      - 不开汇票
    - 远期信用证
      - 远期汇票（U/D）
      - 不开汇票
  - 汇付
    - 信汇（M/T）
    - 电汇（T/T）
    - 票付（D/D）
  - 托收
    - 付款交单（D/P）
      - 即期付款交单
      - 远期付款交单
    - 承兑交单（D/A）

图 2-4　现汇的结算方式

（一）信用证

信用证（Letter of Credit，L/C）是指银行应进口方的请求，开给出口方的一种在一定条件下保证付款的凭证。在进出口业务中，开证银行根据进口方的请求和指示，授权出口方凭所提交的符合信用证规定的单据和开立以该行或其指定的银行为付款人的不超过规定金额的汇票向付款人收款，并保证向出口方或其指定人按信用证规定进行支付（见图 2-5）。这种以信用证结算货款的方式有利于缓和进出口双方之间互不信任的矛盾，也便于银行对进出口双方进行资金融通，能适应国际贸易发展的需要。因此，信用证在实践中被广泛使用，成为当今进出口结算中最重要的支付方式。

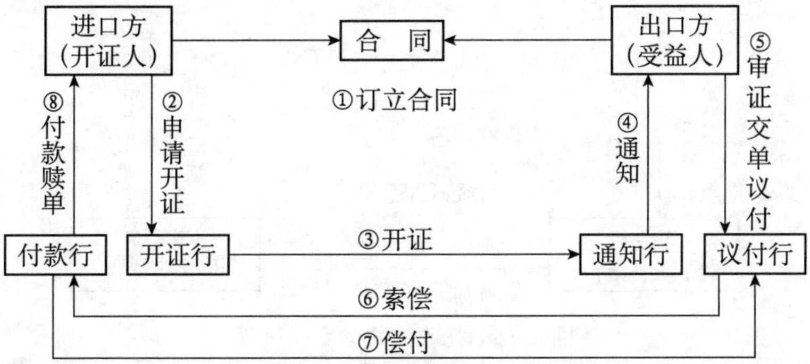

图 2-5　信用证方式的业务流程

信用证按照汇票支付的期限，分为即期信用证和远期信用证：

即期信用证是指开证行或付款行在收到符合信用证条款规定的汇票和单据后，立即履行付款义务的信用证。即期信用证有利于迅速、安全地收汇，在国际贸易结算中使用得最多。

远期信用证是指开证行或付款行在收到符合信用证条款规定的汇票和单据后，不立即履行付款义务，待汇票到期时才支付票款的信用证。远期信用证对于出口商来说，先垫付款项，并承担汇票有效期内汇率变动的风险，收汇的安全程度比即期信用证低。

（二）汇付

汇付（Remittance）又称汇款，是指进口方将货款交由银行汇给出口方，可分为信汇（M/T）、电汇（T/T）和票汇（D/D）三种，其中电汇使用的频率较高。

信汇（M/T）是指进口方将货款交给本地银行，请该行用信件手段委托出口方所在地的分行或代理银行付款给出口方。

电汇（T/T）是指应汇款人的申请，由汇出行拍发电报或电传给其在国外的分行或代理银行，指示其解付一定金额给收款人的一种方式。电汇费用较信汇高，但出口方可以迅速收到货款。

票汇（D/D）是指进口方向本地银行购买银行汇票，自行寄给出口方，出口方凭以到汇票上指定的银行取款。

在国际贸易中，汇付属于商业信用，它取决于交易一方对另一方的信任，提供信用的一方承担的风险很大，所以在实践中，汇付一般只用于对本企业的联号或分支机构和个别极其可靠的客户预付货款或货到付款，也可用于订金、货款尾数、佣金等费用的支付。

（三）托收

托收（Collection）是出口方委托银行代为向进口方收款的一种支付方式。其基本做法是：出口方（委托人）根据发票金额开出以进口方为付款人的汇票，向出口地银行提出托收申请，委托出口地银行（托收行）通过它在进口地的代理银行或往来银行（代收行）

代向进口方收取货款（见图 2-6）。

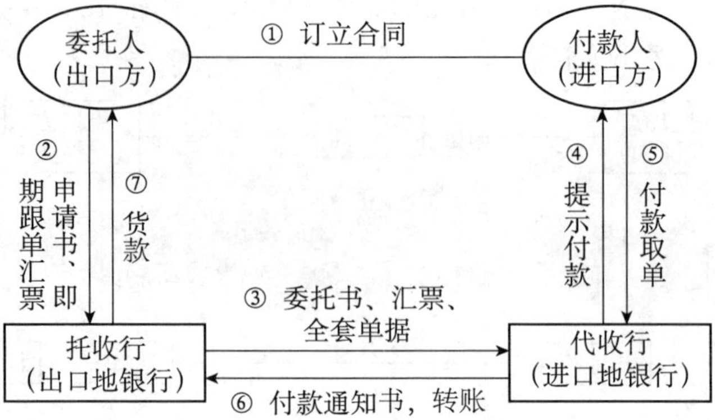

图 2-6　托收方式的业务流程

国际贸易中开出的汇票多是跟单汇票，因此常用的托收方式是跟单托收。跟单托收有两种做法：第一种是付款交单（D/P），是指进口方付款后才能向代收行领取货运单据，又可分为即期付款交单和远期付款交单两种；第二种是承兑交单（D/A），是指出口方以进口方承兑汇票为交单条件，进口方只需对汇票加以承兑就可换取货运单据，对出口方来说风险较大。

六、信用证的审核

信用证是指银行（即开证行）依照买方/进口方（即开证申请人）的要求和指示，对卖方/出口方（即受益人）发出的、授权卖方/出口方签发以银行或买方/进口方为付款人的汇票，保证在交来符合信用证条款的汇票和单据时必定承兑和付款的保证文件。在这一步，作为出口方主要有催证、审证和改证三个步骤。作为财务人员，此时的主要工作是督促业务员及时催证、对收到的信用证进行严格审核。

在信用证支付方式下，按时开立信用证是买方的一项义务，也是卖方履约的先决条件。但在实际业务中，国外客户由于资金短缺或市场形势发生变化等原因，往往会拖延开证。因此，若合同规定的开证期临近，卖方就应催促买方开证；若合同中未规定开证日期，则应在装运期前的合理时间内催开信用证。

出口方收到信用证后，首先要了解信用证的种类和内容，然后应立即根据买卖双方签订的合同及有关国际惯例，特别是《跟单信用证统一惯例》的规定对信用证内容逐项认真检查。信用证是依据合同开立的，信用证的内容理应与合同的条款相一致，但在实际业务中，由于种种原因，如国外客户和开证银行工作的疏忽和差错，或者某些国家对开立信用证有特别规定，或者国外客户对我国政策不了解，或者开证申请人或开证行的故意行为等，往往会出现开立的信用证条款与合同条款不符或与我国外贸政策不符等问题，因此要注意一些常见的不符点和审核信用证的要点（见表 2-5）。务必做好审证工作，以便安全收汇。

审核信用证是银行和外贸企业的共同责任，但在审核内容方面各有侧重。银行着重审核开证银行的政治背景、资信能力、付款责任及索汇路线等方面的问题；出口方则着重审核信用证与买卖合同是否一致，如有不一致的内容，双方能否接受照办等问题。

表 2－5　审证对照表

审证依据	根据国内有关政策和规定、贸易合同、国际商会第 600 号出版物（UCP600）和业务中出现的具体情况，对信用证内容逐项认真检查。
审证原则	信用证一定要与合同一致，如果发现有软条款，经过协商后进口方不愿意修改信用证，作为出口方来讲，宁可不做，也不要冒风险。
审证要点	(1) 对信用证本身的审核：惯例适用、有效性、当事人、到期日和到期地点。 (2) 专项审核：金额、币种、付款期限、品名、货号、规格、数量、装运期限、装运港、卸货港、分批转运、单据的出具（由谁出具、能否出具、单据与单证前后是否矛盾、单据与合同是否一致）。
信用证常见不符点	有限制来证生效条款，要求提交客户出具的检验证书或其他机构提供的证明文件。
	开证行无保证付款的责任文句。
	信用证漏列适用惯例条款。
	信用证密押不符。
	信用证金额大小写不一致，汇票与合同货币不一致，信用证金额不够（未满足合同溢短装条款），信用证号码前后矛盾。
	汇票付款人不是开证行，汇票付款期限与合同不符。
	申请人或受益人名称、地址与合同不符。
	货物本身、单价和数量与合同不符。
	货物分批和转运条款与合同规定不一致。
	信用证无有效期，信用证的有效期、装运期、交单期之间相互矛盾，交单期过短，到期地点在国外。
	单据要求的格式有特殊规定，漏列或多列提交的单据，发票要求领事签证。
	提单抬头错误，提单抬头与背书要求不符，运费支付方法与贸易术语规定相矛盾，正本提单直寄客户，空运提单收货人不是开证行，运输工具限制过严（如限制船名、船籍、船旗、挂靠码头）。
	装运港和目的港与合同不一致。
	保险单种类有误，投保险别与合同规定或实际情况不符，投保金额未按合同规定。
	产地证明书出具机构不当（如为国外机构或无授权机构），要求提交的检验证书与实际不符。
	费用条款规定不合理。

模块二
出口业务会计核算——自营出口

情境引例

1-1

3300101140 浙江增值税专用发票 **№ 14625902**

发票联

开票日期：2016年10月4日

购买方	名　　称：台州市华泰国际贸易有限公司 纳税人识别号：331001753984219 地 址 、电 话：台州市椒江区东海大道288号 0576-85365248 开户行及账号：中国银行台州分行 1207021209200060719				密码区	5454－＋＞4521＜＜54100 ＜458－265＞＋＋5451104 50－＋＞400＜＜558600－＜ ＜4151240－＞＋＋545＜＞＋	加密版本：01 330010114 2523680025	
货物或应税劳务、服务名称	规格型号	单位	数量	单价	金额	税率	税额	
圣诞饰品		件	5 000	50.00	250 000.00	17%	42 500.00	
					¥250 000.00		¥42 500.00	
价税合计（大写）	贰拾玖万贰仟伍佰元整				（小写）¥292 500.00			
销售方	名　　称：台州市布艺制品厂 纳税人识别号：331004770745084 地 址 、电 话：台州市路桥腾达路25号 0576-27845001 开户行及账号：泰隆城市信用社 9011220108000107				备注			

收款人：　　复核：　　开票人：於小军　　销售方：（章）

（印章：台州市布艺制品厂 331004770745084 发票专用章）

第三联：发票联　购买方记账凭证

1－2

入　仓　单

验收部门：储运部门　　　　2016年10月4日

品　名	规　格	单　位	数　量	单位成本	总成本
圣诞饰品		件	5 000	50	250 000
合　计					250 000

记账联

保管员：李海　　　　仓库负责人：李四　　　　复核：张三

1－3

中国银行
转账支票存根
40203226
03181542

附加信息

出票日期　2016年10月4日

收款人：	台州市布艺制品厂
金　额：	￥292 500.00
用　途：	货款

单位主管　　　会计

1－4

泰隆城市信用社　进账单（回　单）

2016年10月4日

付款单位	全　称	台州市华泰国际贸易有限公司	收款单位	全　称	台州市布艺制品厂
	账　号	12070212092000060719		账　号	9011220108000107
	开户银行	中国银行台州分行		开户银行	泰隆城市信用社

金额	人民币（大写）贰拾玖万贰仟伍佰元整	千	百	十	万	千	百	十	元	角	分
			￥	2	9	2	5	0	0	0	0

票据种类	转账支票	泰隆城市信用社 2016-10 业务讫 5
票据张数	一张	
复核　　记账		

3－1

中国银行 转账支票存根 **40203226** **03181543**
附加信息
出票日期　2016 年 10 月 4 日
收款人：台州市速达物流公司
金　额：¥7 500.00
用　途：运杂费
单位主管　　　会计

3－2

公路、内河货物运输业统一发票

发　票　联

发票代码 3700000××××

发票号码 370××××

开票日期 2016－10－04

机打代码 机打号码 机器编号	211006122240 008205658 009018898250	税控码	5454－＋＞4521＜＜54100＜458＞ ＋＋545110445＊6－38/＞80229＜＊6 611＞－6－86 913＊0863＞813/4＞
收货人及 纳税人识别号	台州市华泰国际贸易有限公司 331001753984219	承运人及 纳税人识别号	台州市速达物流公司 332601000003839
发货人及 纳税人识别号		主管税务 机关及代码	台州市地税局椒江分局 4504504100211
运输项目及金额	运输费　¥5 000.00 装船费　¥2 500.00	其他项目及金额	
运费小计	¥7 500.00	其他费用小计	
合计（大写）	柒仟伍佰元整		（小写）¥7 500.00

第一联　发票联　付款方记账凭证（手开无效）

承运人盖章：　　　　　　　　开票人：李丽

4－1

浙江省出口货物销售统一发票　出口专用

ZHEJIANG EXPORT SALES UNIFORM INVOICE

记账联
ACCOUNT

发票代码 133101010560
发票号码 00131868
合同号码
Contract No.：DC01639-2
日期
Date：2016－10－04

装船口岸 From　TAIZHOU　　　目的地 To　CALLAO

信用证号 Letter of Credit No.　　　开户银行 Issued by　中国银行台州分行

唛　号 Marks & Nos	货名数量 Quantities and Descriptions	单　价 Unit Price	总　值 Amount
N/M	CHRISTMAS DECORATION　50 000 pieces	CIF CALLAO USD12	USD60 000

开票单位（盖章）：　　　　　　开票人：杨华

注：即期汇率为 6.260。

5-1

出　仓　单

用途：出口销售　　　　　　　　2016年10月4日

商品名称	规　格	单　位	数　量	单位成本	总成本
圣诞饰品		件	5 000	50	250 000
合　计					

转账联

保管员：李海　　　　仓库负责人：李四　　　　复核：张三

6-1

出　口　佣　金　计　提　表

商品名称	发票价款	佣金率	市场汇率	佣金金额	备　注
圣诞饰品		3%	6.260		秘鲁一木公司
合　计					

主管：王海英　　　　会计：王莉　　　　制单：于莉

说明：采取汇付佣金支付方式。

7-1

中国银行 BANK OF CHINA

DEBIT ADVICE
借记通知

TO:
致：HUATAI INTERNATIONAL TRADE CO.，LTD

DATE（日期）：
2016-10-09

L/C NO.：
信用证号：01112ML20167542

DRAFT AMT.：
单据金额：USD950.00

AB NO.：
银行流水号：

CONTRACT NO.：
合同号：

WITH REFERENCE TO THE CAPTIONED ITEMS，PLEASE BE ADVISED THAT WE HAVE TODAY DEBITED YOUR ACCOUNT NO. 1207021209200060719 WITH THE FOLLOWING AMOUNT PAYMENT UNDER THE L/C ABOVE MENTIONED.
我行已于今日将上述业务之下列金额借记你公司1207021209200060719账户。

DEDUCT AMT.：
付款金额：USD950.00

BUYING RATE：6.200　SELLING RATE：6.400　REALING RATE：6.300

中国银行台州分行 2016-10 业务讫 5

BANK OF CHINA TAIZHOU BRANCH
中国银行台州分行

7-2

中国银行
BANK OF CHINA

外汇支款凭证

签发日期：2016-10-09　　①

付款单位	全称	台州市华泰国际贸易有限公司	收款单位	全称	台州市速达物流公司
	账号	1207021209200060719		账号	1207011119201888123
	开户银行	中国银行台州分行		开户银行	中国银行台州分行

		千	百	十	万	千	百	十	元	角	分
支款货币及金额		千	百	十	万	千	百	十	元	角	分
USD950.00						$	9	5	0	0	0
牌价 6.300	购汇（或结汇）货币及金额	千	百	十	万	千	百	十	元	角	分
附言	运费	借方科目________ 贷方科目________									
银行信息											

中国银行台州分行 2016-10 核算用章

审核印鉴：　　复核：　　经办：　　（单位预留印鉴）

7-3

国际海运业运输专用发票
SPECIAL INVOICE FOR INTERNATIONAL SHIPPING
发票联
INVOICE

发票代码 3700000××××
发票号码 370××××

付款单位 PAYER 台州市华泰国际贸易有限公司　　开票日期 DATE ISSUED 2016-10-09　　开户银行 BANK 中国银行台州分行

船名/航次 VESSEL/VOY. YINHE PRINCESS　　到（离）港日期 DATE ARRIVAL（SAILED）2016-10-07

账号 BANK ACCOUNT 1207021209200060719

起运地 ORIGIN TAIZHOU　　装船港 LOAD. PORT TAIZHOU　　卸船港 DIS. PORT CALLAO　　目的港 DESTINATION CALLAO

提单号 B/L NO.	费用明细 DETAILS OF CHARGE	数量 QUANTITY	费率 RATE	金额 AMOUNT CHARGED	备注 REMARKS
	运费	5 000 个		USD950.00	
金额合计（大写）TOTAL IN CAPITAL 美元玖佰伍拾元整				合计 LUMP SUM USD950.00	

第二联 发票联

企业签章 BUSINESS SEAL　　营业执照号 BUSINESS LICENSE NO.　　经手人 ISSUED BY　　复核 CHECKED BY

台州市速达物流公司 332601000003839 发票专用章

地址 ADDRESS　　税务登记号 TAX REGISTRY NO.　　（手开无效）HAND WRITING NULL AND VOID

电话 TEL.

8－1

中国银行 BANK OF CHINA

外汇支款凭证

签发日期：2016－10－10　　①

付款单位	全　　称	台州市华泰国际贸易有限公司	收款单位	全　　称	中华联合财产保险公司								
	账　　号	1207021209200060719		账　　号	12071488501254522011								
	开户银行	中国银行台州分行		开户银行	中国银行台州分行								
支款货币及金额					千	百	十	万	千	百	十	元	角	分
USD330.00										$	3	3	0	0	0
牌价	6.250	购汇（或结汇）货币及金额			千	百	十	万	千	百	十	元	角	分
附言	保险费				借方科目								
					贷方科目								
银行信息													

（印章：中国银行台州分行 2016-10 核算用）

审核印鉴：　　　　复核：　　　　经办：　　　　（单位预留印鉴）

8－2

中国银行 BANK OF CHINA

DEBIT ADVICE
借记通知

TO:
致：HUATAI INTERNATIONAL TRADE CO.，LTD

DATE（日期）：
2016－10－10

L/C NO.：
信用证号：01112ML20047542
AB NO.：
银行流水号：

DRAFT AMT.：
单据金额：USD330.00
CONTRACT NO.：
合同号：

WITH REFERENCE TO THE CAPTIONED ITEMS，PLEASE BE ADVISED THAT WE HAVE TODAY DEBITED YOUR ACCOUNT NO. 1207021209200060719 WITH THE FOLLOWING AMOUNT PAYMENT UNDER THE L/C ABOVE MENTIONED.
我行已于今日将上述业务之下列金额借记你公司 1207021209200060719 账户。

DEDUCT AMT.：
付款金额：USD330.00

BUYING RATE：6.150　SELLING RATE：6.350　REALING RATE：6.250

（印章：中国银行台州分行 2016-10 业务讫 5）

BANK OF CHINA TAIZHOU BRANCH
中国银行台州分行

8-3

保险业专用发票
INSURANCE TRADE INVOICE
发票联
INVOICE

开票日期：
Date of Issue 2016-10-10

发票代码 3700000××××
发票号码 370××××

付款人：
Payer 台州市华泰国际贸易有限公司

承保险种：
Coverage 财产保险

保险单号：
Policy No. SHOUNB-JJ5881454

批单号：
End. No.

保险费金额（大写）：
Premium Amount (In Words) 美元叁佰叁拾元整

（小写）：
(In Figures) USD330.00

代收车船税（小写）：
Vehicle & Vessel Tax (In Figures)

滞纳金（小写）：
Overdue Fine (In Figures)

银行付讫

合计（大写）：
Consist (In Words) 美元叁佰叁拾元整

（小写）：
(In Figures) USD330.00

附注：
Remarks

第二联　发票联　付款方留存

保险公司名称：
Insurance Company 中华联合财产保险公司

复核：
Checked by

经手人：
Handler 李俊和

保险公司签章：
Stamped by Insurance Company

地址：
ADD. 台州市康平路23号1座

电话：
TEL. 0576-25458562

保险公司纳税人识别号：
Taxpayer Identification No. 88331234567898

（手写无效）
Not Valid If In Hand Written

8－4

货物运输保险单
CARGO TRANSPORTATION INSURANCE POLICY

发票号：　　　　　　　　　　　　　　保险单号次：
INVOICE NO. 00306800　　　　　　　　POLICY NO. PYIE20163205881454

被保险人：
INSURED ____________

中华联合财产保险公司（以下简称本公司）根据被保险人的要求，由被保险人向本公司缴付约定的保险费，按照本保险单承保险别和所载条款与下列条款承保下列货物运输保险，特立本保险单。

THIS POLICY INSURANCE WITNESSES THAT CHINA UNITED PROPERTY INSURANCE COMPANY（HEREINAFTER CALLED "THIS COMPANY"）AT THE REQUEST OF THE INSURED AND IN CONSIDERATION OF THE AGREED PREMIUM PAID TO THE COMPANY BY THE INSURED. UNDERTAKES TO INSURE THE UNDERMENTIONED GOODS IN TRANSPORTATION SUBJECT TO THE CONDITIONS OF THIS POLICY AS FOR THE CLAUSES PRINTED BELOW.

标记 Marks&Nos	包装及数量 Quantity	保险货物项目 Description of Goods	保险金额 Amount Insured
	5 000 个		USD60 000. 00

总保险金额：
TOTAL AMOUNT INSURED　USD60 000. 00

保费：　　　　　　　　　起运日期：
PREMIUM　USD330. 00　　DATE OF COMMENCEMENT　2016－10－10

装载运输工具：
PER CONVEYANCE ____________

自　　　　　　　　　　　至
FROM　TAIZHOU　　　　TO　CALLAO

承保险别：
CONDITIONS　FPA

所保险物，如发生保险单项下可能引起索赔的损失或损坏，应立即通知本公司下述代理人查勘。如有索赔，应向本公司提交保单正本（共有三份正本）及有关文件。如一份正本已用于索赔，其余正本自动失效。

IN THE EVENT OF LOSS OR DAMAGE WHICH MAY RESULT IN A CLAIM UNDER THIS POLICY, IMMEDIATE NOTICE MUST BE GIVEN TO THE COMPANY'S AGENT AS MENTIONED. CLAIMS, IF ANY, ONE OF THE ORIGINAL POLICY WHICH HAS ISSUED IN THREE ORGINALS TOGETHER WITH THE RELEVANT DOCUMENTS SURRENDERED TO THE COMPANY. IF ONE OF THE ORIGINAL POLICY HAS BEEN ACCOMPLISHED, THE OTHERS TO BE VOID.

中华联合财产保险公司台州分公司
CHINA UNITED PROPERTY INSURANCE COMPANY
TAIZHOU DEPARTMENT

中华联合财产保险公司
88331234567898
发票专用章

赔款偿付地点：
CLAIM PAYABLE AT ____________

出单日期：
ISSUING DATE　2016－10－10　　　　AUTHORIZED SIGNATURE

9－1

中国银行
BANK OF CHINA

CREDIT ADVICE
贷 记 通 知

OUR REF.：TTR0200989/05C　　　　DATE（日期）：
TO：　　　　2016－10－15

我行已于即日将你公司之下述汇入款项贷记你公司 1207021209200060719 账户。
AMT.：USD60 000.00　　RATE：6.260　　NET AMT.：CNY375 600.00
收款人：HUATAI INTERNATIONAL TRADE CO.，LTD　　汇入行：BANK OF CHINA
汇款编号：0500110500602　　汇款日期：2016－10－15　　汇款金额：USD60 000.00

REMITTER：
汇款人：秘鲁一木公司

MESSAGE：
附　　言：

TRANSMIT FEE：CNY0.00
CABLE/POST CHGS：CNY0.00 NOTICE CHGS：CNY0.00
申报单号：210200002××××× 核销单号
出口收汇核销专用联号5

国家外汇管理局天河分局 业务(6) 出口已核销

中国银行台州分行 2016-10 业务讫 5

BANK OF CHINA TAIZHOU BRANCH
中国银行台州分行

10－1

中国银行
BANK OF CHINA

DEBIT ADVICE
借 记 通 知

TO：　　　　DATE（日期）：
致：HUATAI INTERNATIONAL TRADE CO.，LTD　　2016－10－16

L/C NO.：　　　　DRAFT AMT.：
信用证号：01112ML20047542　　单据金额：USD1 800.00
AB NO.：　　　　CONTRACT NO.：
银行流水号：　　　　合同号：

WITH REFERENCE TO THE CAPTIONED ITEMS，PLEASE BE ADVISED THAT WE HAVE TODAY DEBITED YOUR ACCOUNT NO. 1207021209200060719 WITH THE FOLLOWING AMOUNT PAYMENT UNDER THE L/C ABOVE MENTIONED.
我行已于今日将上述业务之下列金额借记你公司 1207021209200060719 账户。

DEDUCT AMT.：
付款金额：USD1 800.00

BUYING RATE：6.200　SELLING RATE：6.400　REALING RATE：6.300

中国银行台州分行 2016-10 业务讫 5

BANK OF CHINA TAIZHOU BRANCH
中国银行台州分行

11－1

外贸企业出口退税明细申报表

企业代码:3311962084

企业名称(章):台州市华泰国际贸易有限公司

纳税人识别号:331001753984219　　所属期:2016年10月　　申报批次:01　　金额单位:人民币(元至角分)、美元

序号	关联号	出口发票号	报关单号	出口日期	核销单号	商品代码	商品名称	计量单位	美元离岸价	出口数量	出口进货金额	退税率	应退增值税税额	应退消费税税额	代理证明号	进料加工手册号	备注
0001	1202000101	00131868	222920120790098875001	2016－10－26	811057817	8204110000	圣诞饰品	件	60 000	5 000	250 000	13%	32 500				
合计									60 000	5 000	250 000		32 500				

企业填表人:　　财务负责人:　　企业负责人:　　制表日期:2016年10月31日　　第1页

12-1

汇兑损益结转表

银行存款——美元户

期初余额：USD192 000×6.250=1 200 000	
本期借方发生额	本期贷方发生额
期末余额：USD	CNY
汇兑损益=	

应收外汇账款

期初余额：USD14 544×6.250=90 900	
本期借方发生额	本期贷方发生额
期末余额：USD	CNY
汇兑损益=	

应付外汇账款

期初余额：USD3 584×6.250=22 400	
本期借方发生额	本期贷方发生额
期末余额：USD	CNY
汇兑损益=	

注：期末汇率为6.280。

任务下达

【任务 1】根据所给的原始凭证和资料，进行出口业务单证识别和经济业务内容还原（用语言详细地描述业务内容）。

【任务 2】认真审核以上原始凭证，编制相应的记账凭证。

背景知识

自营出口销售，是指企业自己经营的出口销售业务。所谓自营，有两个要件：自负盈亏；自办业务。自营出口销售收入归出口企业所有，出口商品进价和出口业务有关的国内外一切费用，以及佣金、索赔、理赔、罚款等均由出口企业自己负担，经营的盈亏也归属出口企业纳入其总利润内。

按照上述原则，凡出口企业以贸易方式对境外自营出口和转口销售的商品、进口原材料经加工复制后出口的商品和出售出国展品、样品、小卖品，以及批准供应境内销售（外轮和远洋国轮、贸易中心等）收取以外汇（或部分跨境贸易的人民币）计价支付的商品等所有经营业务，都属于自营出口销售。

自营出口销售的会计处理，不仅要求全面反映自营出口销售过程的经营成果，还要求具体反映不同商品的销售收入、成本、盈亏的详细情况。

一、自营出口销售核算的相关规定

在自营出口销售业务中，由于所采用的贸易术语及货款结算方式不同，因此在出口销售的会计处理上存在较大差异。现将自营出口销售核算的相关规定分述如下。

（一）自营出口销售收入的确认时间

自营出口销售收入的确认时间，应以商品装运出口、取得各种运输单证（陆运取得铁路运单或联运提单、海运取得出口已装船提单、空运取得航空运单）并向银行交单的时间为准。实际工作中，会计部门以收到储运部门或业务部门交来的出口销售发票和实际出口通知单上所列的时间作为销售收入的入账时间。

（二）自营出口销售收入的确认标准

自营出口成交所选用的贸易术语不同，价格条件中所包含的权利、义务各不相同，因而不能单纯以发票价格作为确认收入的标准。按照国际惯例，出口销售收入统一以 FOB 价格作为确认销售收入的标准。在实际工作中可采用以出口发票所列外币总金额按向银行交单日的汇率折合人民币金额入账；对实际支付的国外运费、保险费、佣金等国外费用，按支付日的外汇牌价折合人民币金额以红字冲减销售收入。

（三）自营出口销售业务涉及的国内外费用的会计核算规定

自营出口销售业务中的国内费用，是指商品自货源单位或出口企业到出口口岸上船为止的费用，一律在实际支付时作为本期的“销售费用”处理。年末对已出口未支付的国内费用，不实行预估入账。

佣金按支付方式不同分为明佣、暗佣和累计佣金三种。

在出口销售收入的核算中，明佣应单独予以反映，并于确认销售收入的同时，将其作为“主营业务收入”的减项处理。实务中也可采用按出口发票净价入账的账务处理方法。

为了防止暗佣的重付和漏付，在出口销售收入确认入账时，按规定的比例预估佣金，冲减“主营业务收入”，同时贷记“应付账款”账户的“出口佣金”专户。

对于能认定到具体出口商品的累计佣金，应冲减该商品的销售收入；对于无法认定到具体出口商品的累计佣金，可作“销售费用”项下的“累计佣金”项目处理。

国外运费是指为出口商品所支付的出口过程中的海运运费（含内河开放口岸的内河运费）、陆海联运运费、航空运费及邮费。支付运费时，经审核单据无误后，办理国内外汇转账结算手续予以支付，按支付日的外汇牌价折合人民币金额直接冲减出口商品的“主营业务收入”。

国外保险费是指出口业务以 CIF 贸易术语成交时，由出口企业承担的出口商品在运输途中的保险费。按照惯例，出口商品的投保金额应为 CIF 发票价格的 110%。保险费的核算方法同国外运费，会计部门收到保险公司保险费计收单据后，于实际支付时按当日汇率折合人民币金额冲减有关商品的“主营业务收入”。

(四) 年末预估国外费用的规定

为了准确计算自营出口销售业务的总盈亏额及出口各商品的盈亏额，年终决算前，企业应对年内已出口但尚未支付的、应由卖方负担的出口商品国外运费和保险费进行预估（佣金若在出口时未预估，年末应进行预估），并将预估费用金额冲减本年“主营业务收入”。

预估的方法是根据“主营业务收入”明细账，凡出口合同贸易术语为 CFR 或 CIF，但账面无支付国外费用记录的，应根据同一商品出口同一地区的费用水平逐笔进行预估，列出清单。下年度实际支付国外费用时，若实付数与预估数之间存在差额，应将该差额调整至本年度的“主营业务收入”，无须调整上年度的收入。

(五) 结转销售成本的规定

自营出口销售业务需计算每一批次出口盈亏，应分批次核算出口收入和结转出口商品的销售成本。自营出口销售业务结转成本应实行随时逐笔结转的方法，即每确认一笔出口销售收入，都应立即计算并结转其销售成本，以实现每笔收入与成本的配比。出口商品销售成本可采用先进先出法、加权平均法、分批实际法等方法确定。对同一种出口商品，在同一年度内只能采用同一种方法且不得变更；对不同的出口商品，可结合其特点，采用不同的方法计算销售成本。

二、自营出口业务的账务处理

(一) 购进出口商品的核算

财务部门根据业务部门送来的增值税专用发票和入仓单（结算联），审核无误后，作为付款依据。

借：商品采购　（增值税专用发票列明的货款）

　　应交税费——应交增值税——进项税额　（增值税专用发票列明的增值税税额）

　贷：应付账款（或银行存款）

储运部门根据入仓单验收商品。财务部门根据储运部门送来的加盖“收讫”章的入仓单（入库联），经审核无误后，作以下账务处理：

借：库存商品

　贷：商品采购

（二）出运与国内费用的核算

出运是出口业务中的第一笔会计记录，仅签订销售合同，还未构成会计上的资产负债，必须到发货或付款才算交易成立。出口商品出运过程包括很多环节，无论是哪种方式的出口，外销商品都要经过以下过程（见图 2－7）。所以，从商品出库到取得运单、交单、入账，相隔时日颇长。

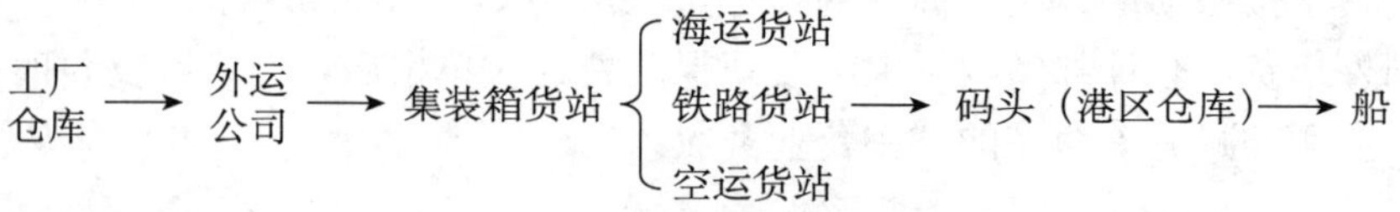

图 2－7　外销商品的出运过程

根据出仓单，作以下账务处理：

借：待运和发出商品

　贷：库存商品

国内费用，如出口专用包装费、报关费、检验费、港杂费、国内运费、集装箱服务费等，均应凭各项原始单据支付，并记入“销售费用”账户。

借：销售费用——××

　贷：银行存款

这些费用平时是单独核算的，期末通过账外分摊的办法，将费用分摊到“主要出口商品成本及盈亏表”的每种商品上，从而计算出每种出口商品的净盈亏额和出口净盈亏总额。

（三）支付国外运费的核算

当出口商品装运出口后，出口企业在收到外轮等运输公司开来的运费单据时，应对出口外销发票号码、计费币种、运价等级、运费金额以及是否应由本企业支付等内容审核无误后，予以支付，并根据银行国内外汇转账结算凭证、银行付款通知和费用原始凭证进行账务处理。

贷：自营出口销售收入——运费（红字）

　贷：银行存款　　　　　　　（蓝字）

或

借：自营出口销售收入——运费

　贷：银行存款

但在使用本期销售的净额数字时，不能单凭“自营出口销售收入”账户贷方，必须注意借方有无冲减数，避免遗漏致错。如果作为暂收款（通过“其他应付款”科目）处理，似也较红蓝字冲账更为合理。以下保险费及佣金同理。

（四）支付国外保险费的核算

凡按包括保险费在内的价格条款成交的，根据合同规定应投保的险别向保险公司投保。财务部门根据保险公司送来的出口运输保险单或发票副本及保险费结算清单，对其出口发票号码、品名、投保金额、险别、费率和保险费金额等审核无误后，付汇给保险公司，并按付款凭证、费用原始凭证进行账务处理。

贷：自营出口销售收入——保险费（红字）
　贷：银行存款　　　　　　　　（蓝字）

或

借：自营出口销售收入——保险费
　贷：银行存款

（五）支付国外佣金的核算

一般情况下，出口商品支付佣金，进口商品取得佣金。

在国际货物买卖中，计算佣金时一般按成交金额约定的百分比计算。按成交金额计算时，可以分为以下两种方法：

(1) 按成交价格计算。即以发票总金额作为计算佣金的基数，无论采用何种贸易术语，都按发票金额乘以佣金率计算出佣金。

(2) 按 FOB 价格计算。即无论采用何种贸易术语，都先换算成 FOB 价格，然后用 FOB 价格乘以佣金率计算出佣金。

佣金的支付方式有三种：

(1) 票扣。即在发票上减除佣金。在信用证上规定有扣除佣金的字句。

(2) 汇付。即由卖方收到全额货款后再向中间商汇付佣金。这是目前支付佣金时使用最多的一种方式。

(3) 议扣。即在信用证议付时扣除佣金。

明佣多采用票扣方式支付。暗佣多采用汇付和议扣方式支付。

三种佣金支付方式的比较如图 2-8 所示。

不同支付方式下，佣金的不同的账务处理如下：

1. 明佣

明佣由国外客户在支付出口货款时直接扣除。出口企业以出口发票为原始凭证，根据银行回单和销售发票中的销售净额，分别反映销售货款总额和应扣除的佣金金额。

借：应收外汇账款——××公司　　　　　　（扣除佣金后的货款净额）
　贷：自营出口销售收入——货款　　　　（货款总额）
　　　自营出口销售收入——佣金　　　　（明佣金额，红字）

2. 暗佣——汇付支付方式

汇付暗佣是指企业按出口销售货款总额收取货款后，再将佣金汇付给国外中间商。企业结汇收到货款后，即应办理汇佣手续，以人民币向外汇指定银行购买外汇汇票邮寄或通过银行汇付给国外中间商。

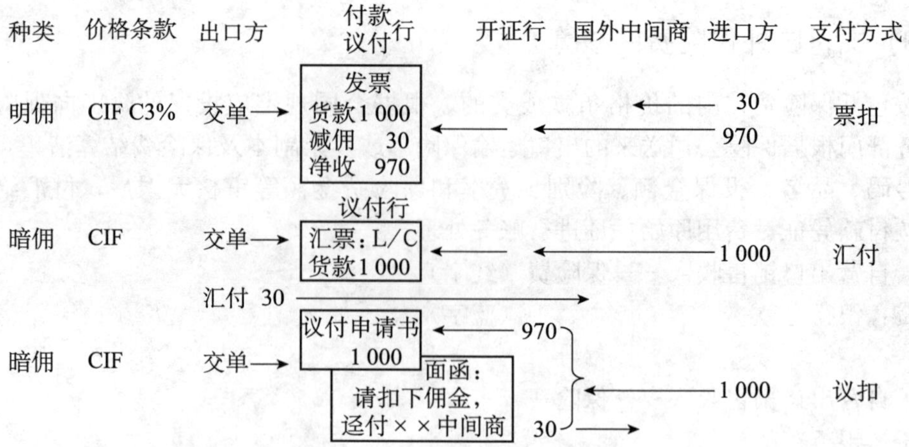

图 2-8 三种佣金支付方式比较

说明：

（1）在明佣票扣支付方式下，进口方要分别将货款 970 美元支付给银行，将佣金 30 美元支付给中间商。

（2）在暗佣汇付支付方式下，进口方将全额 1 000 美元支付给银行，由出口方将佣金 30 美元支付给中间商。因此，进口方不知道中间商拿到多少佣金或是否拿到佣金，从而有中间商另向进口方收取佣金的可能。

（3）在暗佣议扣支付方式下，出口方在请国内议付行垫付货款时，填写 1 000 美元并委托银行代付国外佣金 30 美元。国内议付行在向国外开证行索款时另加一张封面函件，委托直付 30 美元，从而国外开证行虽向进口方收取全额1 000美元，但只向出口方支付净货款 970 美元，而将 30 美元支付给中间商。这种情况下，进口方对中间商所得佣金也不知情。

计提时：

贷：自营出口销售收入——佣金（红字）

　贷：应付外汇账款——应付佣金

汇付时：

借：应付外汇账款——应付佣金

　贷：银行存款

3. 暗佣——议扣支付方式

议扣暗佣是指在出口货款结汇时，由银行按规定的佣金率在结汇款中扣除，并付给国外中间商。企业在出口后向银行议付信用证时，由银行按规定的佣金率将佣金在结汇款中扣除。

计提时：

贷：自营出口销售收入——佣金（红字）

　贷：应付外汇账款——应付佣金

结汇时：

借：银行存款

　财务费用——手续费

　应付外汇账款——应付佣金

　贷：应收外汇账款——货款

4. 累计佣金

能直接认定到具体出口商品的累计佣金，按期计算出金额入账。

贷：自营出口销售收入（红字）

　贷：应付外汇账款——应付佣金

不能直接认定到具体出口商品的累计佣金，列入销售费用。

借：销售费用——累计佣金

　贷：银行存款

（六）预计国外费用的核算

为了正确计算出口成本和盈亏额，对当月应在本期负担而尚未支付的国外运费、保险费和佣金，应分别进行预提，冲减本期的销售收入。

计提时：

贷：自营出口销售收入——运费、保险费（红字）

　贷：应付外汇账款——预计国外费用

至次期实际支付：

借：应付外汇账款——预计国外费用

　贷：银行存款

当实际支付与预期有差异时，将本期差额列入“自营出口销售收入”账户，跨期差额调整“以前年度损益调整”账户。

（七）交单索款，确认收入的核算

交单是指将出口商品的全套单证交给银行，委托银行代向进口方索款或按原约定要求银行代付，交单分录的原始凭证因所用结算方式的不同而不同（见表 2-6）。

借：应收外汇账款

　贷：自营出口销售收入

表 2-6　不同结算方式的会计处理一览表

<table>
<tr><th colspan="2">结算方式</th><th colspan="2">业务内容</th><th>会计处理</th><th>原始凭证</th></tr>
<tr><td colspan="2">汇款</td><td colspan="2">汇入账款</td><td>借：银行存款
　贷：预收外汇账款（预收部分货款）
　　应收外汇账款（清欠尾数）
　　自营出口销售收入——运费、佣金
　　……</td><td>电汇、信汇的汇款通知书，结汇水单</td></tr>
<tr><td rowspan="3">托收</td><td rowspan="2">D/A</td><td colspan="2">承兑</td><td>借：应收外汇票据
　贷：应收外汇账款</td><td>银行通知</td></tr>
<tr><td colspan="2">到期日</td><td>借：银行存款
　财务费用
　贷：应收外汇票据</td><td>收账通知</td></tr>
<tr><td>D/P</td><td colspan="2">收款</td><td>借：银行存款
　财务费用
　贷：应收外汇账款</td><td>结汇水单</td></tr>
<tr><td colspan="2" rowspan="3">信用证</td><td colspan="2">收到来证</td><td>作备忘记录</td><td>银行信用证通知书</td></tr>
<tr><td colspan="2">交单</td><td>借：应收外汇账款
　贷：自营出口销售收入——货款</td><td>发票等副本</td></tr>
<tr><td>即期及延期</td><td>收汇</td><td>借：银行存款
　财务费用
　贷：应收外汇账款</td><td>结汇水单、收账通知</td></tr>
</table>

续前表

结算方式	业务内容		会计处理	原始凭证
信用证	远期	承兑	借：应收外汇票据 　贷：应收外汇账款	银行通知
		到期	借：银行存款 　　财务费用 　贷：应收外汇票据	结汇水单、收账通知
	议付信用证	议付日	借：银行存款 　　财务费用 　贷：银行短期借款——议付	出口押汇申请书
		日后无追索	借：银行短期借款——议付 　贷：应收外汇账款	等待日期无拒付，自动转账

（八）结转销售成本的核算

出口商品结转销售成本的时间，应在商品销售实现的同时进行。

交单时凭发票副本确认销售收入，同时作以下账务处理：

借：主营业务成本——自营出口

　贷：待运和发出商品

（九）出口关税的核算

为了保护国内资源，优化出口商品结构，我国目前仅对少数资源性产品和需要规范出口秩序的半制成品征收出口关税。出口关税仅设置一档税率，《中华人民共和国海关进出口税则》规定征收出口关税的商品300余种，出口关税税率20%～75%不等，另对部分出口商品实行暂定税率，税率0～35%不等。

出口关税的计税依据是出口商品的完税价格和出口商品的税率。完税价格由海关按照填发税款缴纳凭证之日中国人民银行公布的人民币对外币交易的中间价折合成人民币。完税价格计算到元为止，元以下四舍五入。关税的起征点为人民币50元。

应纳出口关税税额＝出口商品完税价格×出口关税税率

出口商品完税价格＝出口商品FOB价格÷（1＋出口关税税率）

出口商品以海关审定的成交价格为基础的售予境外的FOB价格，扣除出口关税后作为完税价格。出口商品成交价格中含有支付给国外的佣金，如与货物的离岸价格分列，应予以扣除；如未单独列明，则不予扣除。出口商品的FOB价格，应以该项货物运离关境前的最后一个口岸的FOB价格为实际FOB价格。

计提时：

借：营业税金及附加

　贷：应交税费——出口关税

实际缴纳时：

借：应交税费——出口关税

　贷：银行存款

（十）收汇的核算

收到银行通知，根据银行结汇水单进行账务处理。

借：银行存款——人民币

　　财务费用——手续费

借或贷：汇兑损益

　贷：应收外汇账款（或票据）

（十一）出口退税的核算

出口退税是指在国际贸易中，对报关出口的货物，退还在国内生产环节和流转环节已缴纳的增值税和消费税，或免征应缴纳的增值税和消费税。出口退税的类型及适用条件见图 2-9。

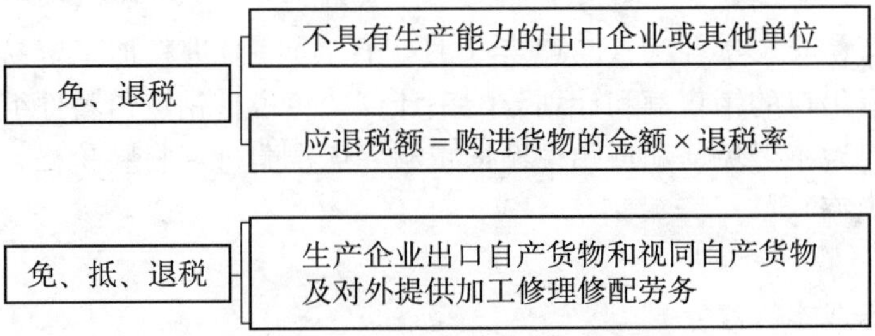

图 2-9　出口退税的类型及适用条件

注：生产企业出口以下四种产品时，视同自产产品给予退税：①外购出口的产品符合条件时，视同自产产品退税；②外购的与本企业所生产的产品配套出口的产品，视同自产产品退税；③集团公司收购成员企业生产的产品，视同自产产品退税；④委托加工收回的产品，视同自产产品退税。

免、退税：针对的是外贸企业，即进出口贸易的商业企业。外贸企业出口退税的计税基础是购进价格。

免、抵、退税：生产企业自营或委托外贸企业代理出口（以下简称出口）自产货物，除另有规定外，增值税一律实行免、抵、退税管理办法。出口自产的属于应征消费税的产品，实行免征消费税的办法。

1. 一般纳税人生产企业出口退税的核算

（1）增值税核算规定。

“免”——指对生产企业出口的自产产品实行零税率，免征该企业在生产销售环节应缴纳的增值税；

“抵”——指兼营内销和外销业务的生产企业，由于生产自产产品对外出口而耗用的原材料、零部件、燃料、动力等所含的应当退还的进项税额，首先抵顶其内销产品的应纳税额；

“退”——指生产企业出口的自产产品在当月应抵顶的进项税额大于其内销产品的应纳税额（即出现负数）时，对未抵完的部分再予以退税。

生产企业自产货物在生产中涉及原材料、水电费和运费等众多可抵扣项目，无法准确区分出口货物和内销货物对应的进项税。即使能够准确核算各自的进项税，由于生产企业的内销部分缴纳增值税，而出口部分实行退税，双轨运行，必然会增加征纳双方的成本。由此引入“抵”税概念。“抵”可以理解为一个计算退税的过程，也就是全面计算生产企业实际应纳税额。如果进项税抵完了，应纳税额是正数，企业需要缴纳；如果该进项税抵不完，应纳税额是负数，国家应该退还。因此，“免、抵、退”中的“退”税，实际上应该理解为出口部分对应的应退进项税＝“免、抵、退”中的“抵”＋“免、抵、退”中的“退”。

“免、抵、退”的计算步骤和公式：

1）计算免抵退税不得免征和抵扣税额的抵减额。

①抵减额与免税购进原材料价格有关，目的是让免税购进原材料能够真正享受免税待遇。

②免税购进原材料价格：当期国内购进的无进项税额且不计提进项税额的原材料的价格。

当期进料加工保税进口料件的价格＝当期进口料件到岸价格＋海关实征关税＋海关实征消费税

③进料加工贸易——实耗法（2013年7月1日后）：对进料加工贸易进口料件要按每期进料加工贸易复出口的销售额和计划分配率计算“免税核销进口料件组成计税价格”。

④当期免抵退税不得免征和抵扣税额抵减额＝免税购进原材料价格×（出口货物征税率－出口货物退税率）。

⑤账务处理：

借：主营业务成本（红字）

　贷：应交税费——应交增值税（进项税额转出）（红字）

2）计算免抵退税不得免征和抵扣税额——进项税额转出。

①进项税额转出，即剔税：

免抵退税不得免征和抵扣的税额

＝出口货物离岸价格×外汇人民币牌价×（出口货物征税率－出口货物退税率）

－当期免抵退税不得免征和抵扣税额抵减额

＝（出口货物离岸价格－免税购进原材料价格）×（出口货物征税率－出口货物退税率）

＝净出口额×（出口货物征税率－出口货物退税率）

②账务处理：

借：主营业务成本

　贷：应交税费——应交增值税（进项税额转出）

③离岸价格的确定：计算当期免抵退税不得免征和抵扣税额以出口货物离岸价格为标准；若以其他价格条件成交，应扣除按会计制度规定允许冲减出口销售收入的运费、保险费、佣金等；若出口发票不能如实反映离岸价格，企业应按实际离岸价格申报免抵退税，税务机关有权按规定予以核定。

④以到岸价格成交时的处理。若以到岸价格成交，应按运保佣的金额与征退税率之差冲减“当期免抵退税不得免征和抵扣税额”。账务处理如下：

借：主营业务成本（红字）

　贷：应交税费——应交增值税（进项税额转出）（红字）

⑤对来料加工所耗用的国内进项税额进行转出。来料加工贸易是指外商提供原材料、

零部件，由我国企业加工成产品出口交外商销售，只收取加工费的一种贸易方式。来料加工免税收入应与其他出口销售收入分开核算。来料加工所耗用的国内进项税额原则上按销售比例分摊，转出的会计分录如下：

借：主营业务成本——来料加工

　贷：应交税费——应交增值税（进项税额转出）

⑥总结。当期免抵退税不得免征和抵扣税额，如表 2-7 所示。

表 2-7　当期免抵退税不得免征和抵扣税额

	分类	账务处理
当期免抵退税不得免征和抵扣税额=（出口货物其他成交价格－运保佣－免税购进原材料价格）×（出口货物征税率－退税率）	按出口货物成交价格计算的"当期免抵退税不得免征和抵扣税额"	借：主营业务成本 　贷：应交税费——应交增值税（进项税额转出）
	按运保佣、免税购进原材料价格计算的"当期免抵退税不得免征和抵扣税额抵减额"	借：主营业务成本（红字） 　贷：应交税费——应交增值税（进项税额转出）（红字）

3）抵税：计算当期应纳增值税额。

①生产企业出口自产货物所耗用的原材料、零部件、燃料、动力等应予退还的进项税额，抵顶内销货物的应纳税额；

②抵税体现在当期应纳税额的计算中：

当期应纳税额

=内销的销项税额－（进项税额－免抵退税不得免征和抵扣税额）－上期留抵税额

=内销的销项税额－（内销的进项税额+外销的进项税额－免抵退税不得免征和抵扣税额）－上期留抵税额

=（内销的销项税额－内销的进项税额）－（外销的进项税额－免抵退税不得免征和抵扣税额）－上期留抵税额－内销应纳税额－外销应退税额－上期留抵税额

不同情形的账务处理，如表 2-8 所示。

表 2-8　不同情形的账务处理

情形		月末账务处理	对退税的影响
（1）当期应纳税额大于零		借：应交税费——应交增值税（转出未交增值税） 　贷：应交税费——未交增值税	不退税，因为无期末留抵税额
（2）当期应纳税额小于零	当期进项税额大于销项税额	不进行会计处理	退税
	由于预缴税款形成的	月末按预缴税款与借方余额的较小数，作会计分录： 借：应交税费——未交增值税 　贷：应交税费——应交增值税（转出多交增值税）	月末账务处理后，"应交增值税"仍有借方余额的，退税

4）退税：生产企业出口的自产货物在当月内应抵顶的进项税额大于应纳税额时，对未抵顶完的部分予以退税——有期末留抵税额时，才会出现退税。

步骤：

①计算免抵退税额抵减额：

免抵退税额抵减额＝免税购进原材料价格×出口货物退税率

②计算免抵退税额：

免抵退税额是退税的最高限额，而不是真正退还给企业的税款，在账务处理中，免抵退税额贷记“应交税费——应交增值税（出口退税）”。

免抵退税额

＝出口货物离岸价×外汇人民币牌价×出口货物退税率－免抵退税额抵减额

＝(出口货物离岸价－免税购进原材料价格)×出口货物退税率

③比较确定应退税额：

期末留抵税额与当期免抵退税额进行比较，哪个小按哪个退。退税的前提：当期期末有留抵税额。举例如下：

当期期末留抵税额≤当期免抵退税额：

免抵税额 20 万元	免抵退税额 100 万元　贷：应交税费——应交增值税（出口退税）100 借：应交税费——应交增值税（出口抵减内销产品应纳税额）20 期末留抵税额 80 万元　借：其他应收款——应收出口退税款（增值税）80

当期期末留抵税额＝0：

免抵税额 100 万元	免抵退税额 100 万　贷：应交税费——应交增值税（出口退税）100 借：应交税费——应交增值税（出口抵减内销产品应纳税额）100 期末留抵税额 0

当期期末留抵税额≥当期免抵退税额：

留待下期继续抵扣 20 万元	期末留抵税额 120 万	
	免抵退税额 100	借：其他应收款——应收出口退税款（增值税）100 贷：应交税费——应交增值税（出口退税）100

④退税的账务处理，如表 2－9 所示。

表 2－9　退税的账务处理

账务处理	金额的确定
借：其他应收款——应收出口退税款（增值税）	按期末留抵税额与免抵退税额较小的一方记账
应交税费——应交增值税（出口抵减内销产品应纳税额）	金额等于免抵税额
贷：应交税费——应交增值税（出口退税）	金额等于免抵退税额

收到出口退税的账务处理：

借：银行存款

　贷：其他应收款——应收出口退税款（增值税）

5）总结。一般贸易、进料加工、来料加工的免抵退税步骤如表 2－10 所示。

表 2-10　一般贸易、进料加工、来料加工的免抵退税步骤

一般贸易	进料加工	来料加工
第 1 步：剔税	第 1 步：计算免抵退税不得免征和抵扣税额的抵减额	原料进口免税，产品出口免税，所用国内料件的进项税额按比例转出
第 2 步：抵税	第 2 步：剔税（计算不得免征和抵扣税额）	
第 3 步：算尺度	第 3 步：抵税（计算当期应纳或留抵增值税税额）	
第 4 步：比较确定应退税额	第 4 步：计算免抵退税额抵减额	
第 5 步：确定免抵税额	第 5 步：算尺度（计算免抵退税额）	
	第 6 步：比较确定应退税额	
	第 7 步：确定免抵税额	

（2）消费税核算规定。

生产企业自营出口予以直接免征消费税；委托外贸企业出口的，先交消费税，待委托企业办理报关出口后再申请退税。

2. 一般纳税人商业/外贸企业出口退税的核算

（1）增值税核算规定。

商业/外贸企业外购他人的商品出口销售，其退还增值税时应适用先征后退的退税方法进行核算。

凡是商业/外贸企业的出口商品单独设立库存账和销售账进行核算的，在其商品出口销售后，按照其购入商品所取得的增值税专用发票（抵扣联）和税收（出口货物专用）缴款书所注明的“进项税额”计算应退税额，其计算公式为：

应退税额＝增值税专用发票商品价值（不含税价）×现行退税税率

应计入成本的税额＝增值税专用发票税额－应退税额

出口商品未单独设账、采用加权平均法进行核算的，其计算公式为：

退税计算依据＝出口商品数量×加权平均购进单价

应退税额＝退税计算依据×适用退税税率

应计入成本的税额＝出口商品数量×加权平均购进单价×征税税率－应退税额

商业/外贸企业从小规模纳税人购进商品出口，没有取得增值税专用发票，一般不予退税。对于特准退税的，其计算公式为：

退税计算依据＝普通发票所列销售金额÷(1＋征税税率)

应退税额＝退税计算依据×适用退税税率

商业/外贸企业从小规模纳税人购进商品出口，取得税务机关代开的增值税专用发票的，其计算公式为：

应退税额＝增值税专用发票所列销售金额(不含税价)×适用退税税率

商业/外贸企业委托生产企业加工收回后报关出口的商品，按购进国内原材料的增值税专用发票上列明的进项金额，并依据相应的退税税率计算原材料的应退税额；支付的加工费，依据加工费专用发票上列明的进项金额，依据相应的退税税率计算加工费应退税额。

（2）消费税核算规定。

外贸企业购进应纳消费税的商品，应依据该企业从工厂购进商品时取得的增值税专用

发票上列明的金额和数量进行计算，其计算公式为：

实行从价定率征收的：

应退税额＝购进出口商品的进货金额×消费税税率

实行从量定额征收的：

应退税额＝出口商品数量×消费税单位税额

综上，出口退税的会计核算如表 2－11 所示。

表 2－11　出口退税的会计核算

企业类型	退税税种	会计分录
生产企业	增值税 “免、抵、退”	（1）按规定计算的当期不予抵扣税额： 借：自营出口销售成本 贷：应交税费——应交增值税（进项税额转出） （2）按规定计算的当期应予抵扣税额： 借：应交税费——应交增值税（出口抵减内销产品应纳税额） 贷：应交税费——应交增值税（出口退税） （3）按规定应予退回的税款： 借：其他应收款——应收出口退税 贷：应交税费——应交增值税（出口退税） （4）收到退回的税款： 借：银行存款 贷：其他应收款——应收出口退税
	消费税	（1）生产企业直接出口物资，按规定直接予以免税，可不计算交纳应交消费税。 （2）委托外贸企业代理出口物资的生产企业： 计提时： 借：其他应收款——应收出口退税 贷：应交税费——应交消费税 收到退回税金时： 借：银行存款 贷：其他应收款——应收出口退税
商业/ 外贸企业	增值税 “先征后退”	（1）计算的应退税款： 借：其他应收款——应收出口退税 贷：应交税费——应交增值税（出口退税） （2）计算的不予退还，计入成本的税额： 借：自营出口销售成本 贷：应交税费——应交增值税（进项税额转出） （3）实际收到退税款： 借：银行存款 贷：其他应收款——应收出口退税

续前表

企业类型	退税税种	会计分录
	消费税	（1）计算的退税款： 借：其他应收款——应收出口退税 　贷：自营出口销售成本 （2）收到消费税退税款时： 借：银行存款 　贷：其他应收款——应收出口退税

出口商品购进其他业务的会计核算如表 2－12 所示。

表 2－12　出口商品购进其他业务核算会计分录表

<table>
<tr><th colspan="2">业务内容</th><th>会计分录</th><th colspan="2">原因及处理</th><th>会计分录</th></tr>
<tr><td rowspan="7">购进商品发生短缺或溢余</td><td rowspan="4">货款已付，验收商品时发现短缺</td><td rowspan="4">借：待处理财产损溢
　贷：在途物资
　　应交税费——应交增值税（进项税额转出）</td><td rowspan="2">供货单位少发</td><td>退货款</td><td>借：应付账款
　贷：待处理财产损溢</td></tr>
<tr><td>补发货物</td><td>借：库存商品
　贷：应交税费——应交增值税（进项税额转出）（红字）
　　待处理财产损溢</td></tr>
<tr><td colspan="2">超定额损耗</td><td>借：销售费用
　贷：待处理财产损溢</td></tr>
<tr><td colspan="2">自然灾害等原因</td><td>借：营业外支出、管理费用、其他应收款
　贷：待处理财产损溢</td></tr>
<tr><td rowspan="3">货款已付，验收商品时发现溢余</td><td rowspan="3">借：库存商品
　贷：待处理财产损溢</td><td rowspan="2">供货单位多发</td><td>作为商品购进，付款</td><td>借：待处理财产损溢
　贷：在途物资
借：在途物资
　应交税费——应交增值税（进项税额）
　贷：银行存款</td></tr>
<tr><td>溢余商品退回</td><td>借：待处理财产损溢
　贷：库存商品</td></tr>
<tr><td colspan="2">运输途中自然升溢</td><td>借：待处理财产损溢
　贷：销售费用</td></tr>
<tr><td colspan="2" rowspan="2">发生拒付货款和拒收商品</td><td>先拒付货款，后拒收商品：
借：代管商品物资（表外账户）</td><td colspan="3">处理：拒收商品退回：
贷：代管商品物资（表外账户）</td></tr>
<tr><td>先拒收商品，后拒付货款：
借：代管商品物资（表外账户）</td><td colspan="3">处理：拒收商品退回：
贷：代管商品物资（表外账户）</td></tr>
</table>

续前表

<table>
<tr><th>业务内容</th><th>会计分录</th><th>原因及处理</th><th>会计分录</th></tr>
<tr><td></td><td>先承付货款，后拒收商品：
（货款已付；商品到达拒收，代为保管）
借：在途物资（红字）
应交税费——应交增值税（进项税额）（红字）
销售费用（红字）
贷：应付账款（红字）
同时，借：代管商品物资</td><td colspan="2">处理：将拒收商品退回，供货方汇来退款：
借：银行存款
贷：应付账款
同时，贷：代管商品物资</td></tr>
<tr><td rowspan="4">购进商品退补价</td><td rowspan="2">购进商品退价
（结算价款高于实际价格，收供货方退款）</td><td>商品未售出</td><td>借：应付账款、银行存款
贷：库存商品
应交税费——应交增值税（进项税额）</td></tr>
<tr><td>商品部分售出</td><td>借：应付账款、银行存款
贷：库存商品
主营业务成本
应交税费——应交增值税（进项税额）</td></tr>
<tr><td rowspan="2">购进商品补价
（结算价款低于实际价格，补付供货方货款）</td><td>商品未售出</td><td>借：库存商品
应交税费——应交增值税（进项税额）
贷：应付账款</td></tr>
<tr><td>商品部分售出</td><td>借：库存商品
应交税费——应交增值税（进项税额）
主营业务成本
贷：应付账款、银行存款</td></tr>
<tr><td colspan="2" rowspan="2">购进商品发生退回，货款已付</td><td>进货退出</td><td>借：应付账款
应交税费——应交增值税（进项税额）（红字）
贷：库存商品
收到退货款：
借：银行存款
贷：应付账款</td></tr>
<tr><td>调换商品</td><td>借：库存商品（换入商品）
贷：库存商品（换出商品）</td></tr>
</table>

自营出口销售其他业务的会计核算如表 2－13 所示。

表 2-13　自营出口销售其他业务会计分录表

<table>
<tr><th colspan="3">业务类型</th><th>主要会计分录</th></tr>
<tr><td colspan="3">退关</td><td>借：库存商品
　贷：待运和发出商品</td></tr>
<tr><td colspan="2" rowspan="6">出口销售退回，商品运回国内</td><td>冲转出口销售收入（明佣）</td><td>借：自营出口销售收入——货款
　贷：自营出口销售收入——佣金
　　　应收外汇账款</td></tr>
<tr><td>冲转出口销售成本</td><td>借：待运和发出商品——国外退货
　贷：自营出口销售成本</td></tr>
<tr><td>销售退回商品验收入库</td><td>借：库存商品
　贷：待运和发出商品</td></tr>
<tr><td>冲转销货退回商品原来出口时支付的国内外费用</td><td>借：待处理财产损溢
　贷：自营出口销售收入——运费、保险费
　　　销售费用</td></tr>
<tr><td>支付销货退回商品发生的国内外费用</td><td>借：待处理财产损溢
　贷：银行存款</td></tr>
<tr><td>查明原因，经批准处理销货退回商品发生的国内外费用</td><td>借：其他应收款（由供货单位负责赔偿）
　　营业外支出（出口企业责任）
　贷：待处理财产损溢</td></tr>
<tr><td colspan="2" rowspan="5">出口销售退货，商品国外寄售</td><td>出口商品国外退货，改由国外寄售</td><td>借：委托代销商品——国外客户
　贷：自营出口销售成本
借：自营出口销售收入——货款
　贷：自营出口销售收入——佣金（明佣）
　　　应收外汇账款</td></tr>
<tr><td>冲转寄售前原来支付的国内外费用</td><td>借：待处理财产损溢
　贷：自营出口销售收入——运费、保险费
　　　销售费用</td></tr>
<tr><td>查明原因，经批准处理国外寄售商品原来发生的国内外费用</td><td>借：其他应收款（由供货单位负责赔偿）
　　营业外支出（出口企业责任）
　贷：待处理财产损溢</td></tr>
<tr><td>收到境外代销清单，确认收入</td><td>借：银行存款
　　自营出口销售收入——佣金（国外费用）
　贷：自营出口销售收入</td></tr>
<tr><td>结转寄售成本</td><td>借：自营出口销售成本
　贷：委托代销商品</td></tr>
<tr><td colspan="2">对外索赔</td><td>应收外商理赔款</td><td>借：应收外汇账款——出口索赔
　贷：营业外收入——对外索赔收入</td></tr>
<tr><td>对外理赔</td><td>属于出口方违约所致</td><td>借：待处理财产损溢——待处理流动资产损溢
　贷：应付外汇账款——出口理赔</td><td>（1）属企业自身责任事故，按规定报经批准处理：
借：营业外支出——财产损失
　贷：待处理财产损溢——待处理流动资产损溢
（2）属供货单位或国内其他部门负责的，应向责任单位索赔：
借：其他应收款——国内客户、保险公司、运输机构等
　贷：待处理财产损溢——待处理流动资产损溢</td></tr>
</table>

续前表

<table>
<tr><th colspan="4">业务类型</th><th>主要会计分录</th></tr>
<tr><td rowspan="4"></td><td>属于出口方少发货所致</td><td colspan="2">冲转原确认销售收入：
贷：应付外汇账款——出口理赔
自营出口销售收入（红字）
【提示】如果理赔金额与少发商品价格不一致，差额先作“待处理财产损溢”处理。
同时，冲转原销售成本：
借：待处理财产损溢——待处理流动资产损溢
自营出口销售成本（红字）</td><td>（1）经查，由供货单位少发货造成的：
借：应收账款——国内供应商（或银行存款）
贷：待处理财产损溢——待处理流动资产损溢
（2）如少发商品尚在出口企业仓库内：
借：库存商品——库存出口商品——少发部分
贷：待处理财产损溢
（3）如少发商品已不存在：
借：营业外支出——财产损失
贷：待处理财产损溢——待处理流动资产损溢</td></tr>
<tr><td rowspan="3">属于出口方错发货所致</td><td rowspan="2">双方同意以调换商品方式处理</td><td>若原账务处理均按正确商品进行，则无须对原有会计分录进行调整，运回并补发商品发生的国内外费用</td><td>借：待处理财产损溢——待处理流动资产损溢
贷：银行存款
报经批准后：
借：营业外支出——对外理赔支出
其他应收款
贷：待处理财产损溢——待处理流动资产损溢</td></tr>
<tr><td>若原账务处理均按错发的商品进行，则调整分录</td><td>（1）调整销售成本：
借：库存商品——库存出口商品——返回错发商品
贷：库存商品——库存出口商品——补发商品
自营出口销售成本——补发商品成本差额（补发商品成本低于错发商品成本时）
（2）调整销售收入：
借：自营出口销售收入——补发商品收入差额（补发商品收入低于错发商品收入时）
贷：应收外汇账款——国外客户</td></tr>
<tr><td colspan="2">双方同意不再调换商品，以退补差价方式处理</td><td>（1）冲转原销售成本，补记错发商品成本：
借：库存商品——库存出口商品——未发商品
自营出口销售成本——未发商品（红字）
借：自营出口销售成本——错发商品
贷：库存商品——库存出口商品——错发商品
（2）同时，调整销售收入：
贷：自营出口销售收入——错发商品
自营出口销售收入——未发商品（红字）
应付外汇账款——出口理赔（错发商品价格低于未发商品价格时）</td></tr>
</table>

模块三
出口业务会计核算——代理出口

情境引例

1-1

入 仓 单

验收部门：储运部门　　2016 年 10 月 8 日

品　名	规　格	单　位	数　量	单位成本	总成本
男羽绒服		套	1 000	480	480 000
合　计					480 000

记账联

保管员：李海　　仓库负责人：李四　　复核：张三

2-1

出 仓 单

验收部门：储运部门　　2016 年 10 月 8 日

品　名	规　格	单　位	数　量	单位成本	总成本
男羽绒服		套	1 000	480	480 000
合　计					480 000

记账联

保管员：李海　　仓库负责人：李四　　复核：张三

3-1

浙江省出口货物销售统一发票 出口专用

ZHEJIANG EXPORT SALES UNIFORM INVOICE

记账联
ACCOUNT

全国统一发票监制章 浙江 地方税务总局监制

发票代码 133101010561
发票号码 00131862
合同号码
Contract No.：HY-DC01637
日期
Date：2016-10-08

装船口岸 From TAIZHOU　目的地 To CALLAO
信用证号 Letter of Credit No. ________　开户银行 Issued by 中国银行台州分行

唛　号 Marks & Nos	货名数量 Quantities and Descriptions	单　价 Unit Price	总　值 Amount
N/M	Man's down jacket 1 000 pieces	CIF TAIZHOU USD150	USD150 000

开票单位（盖章）：台州市华燊国际贸易有限公司 331001753984219 发票专用章　开票人：杨华
注：当日即期汇率为6.850。

4-1

出　仓　单

验收部门：储运部门　2016年10月8日

商品名称	规　格	单　位	数　量	单位成本	总成本
男羽绒服		套	1 000	480	480 000
合　计					480 000

转账联

保管员：李海　仓库负责人：李四　复核：张三

5-1

中国银行
转账支票存根
40203226
03181544
附加信息

出票日期　2016年10月8日

收款人：	台州市速达物流公司
金　额：	￥2 150.00
用　途：	运杂费

单位主管　会计

5－2

公路、内河货物运输业统一发票

发　票　联

（浙江省地方税务总局监制）

发票代码 3700000××××
发票号码 370××××

开票日期 2016－10－08

机打代码 机打号码 机器编号	211006122241 008205659 009018898250	税控码	5454－＋＞4521＜＜54100＜458＞ ＋＋545110445＊6－38/＞80229＜＊6 611＞－6－86 913＊0863＞813/4＞
收货人及 纳税人识别号	台州市华泰国际贸易有限公司 331001753984219	承运人及 纳税人识别号	台州市速达物流公司 332601000003839
发货人及 纳税人识别号		主管税务 机关及代码	台州市地税局椒江分局 4504504100211
运输项目及金额	运杂费　¥2 150.00	其他项目及金额	
运费小计	¥2 150.00	其他费用小计	
合计（大写）	贰仟壹佰伍拾元整		（小写）¥2 150.00

承运人盖章（台州市速达物流公司 332601000003839 发票专用章）　　开票人：李丽

第一联　发票联　付款方记账凭证（手开无效）

6－1

国际海运业运输专用发票
SPECIAL INVOICE FOR INTERNATIONAL SHIPPING

发票联
INVOICE

发票代码 3700000××××
发票号码 370××××

付款单位
PAYER 台州市华泰国际贸易有限公司

开票日期
DATE ISSUED 2016－10－20

开户银行
BANK 中国银行台州分行

船名/航次
VESSEL/VOY. YINHE PRINCESS

到（离）港日期
DATE ARRIVAL (SAILED) 2016－10－09

账号
BANK ACCOUNT 1207021209200060719

起运地
ORIGIN TAIZHOU

装船港
LOAD. PORT TAIZHOU

卸船港
DIS PORT CALLAO

目的港
DESTINATION CALLAO

提单号 B/L NO.	费用明细 DETALLS OF CHARGE	数　量 QUANTITY	费　率 RATE	金　额 AMOUNT CHARGED	备　注 REMARKS
	运费	1 000 套		USD750.00	
金额合计（大写） TOTAL IN CAPITAL　美元柒佰伍拾元整			合计 LUMP SUM　USD750.00		

第二联　发票联

企业签章
BUSINESS SEAL（台州市速达物流公司 332601000003839 发票专用章）

营业执照号
BUSINESS LICENSE NO.

经手人
ISSUED BY

复核
CHECKED BY

地址
ADDRESS

税务登记号
TAX REGISTRY NO.

（手开无效）
HAND WRITING NULL AND VOID

电话
TEL.

6-2

中国银行
BANK OF CHINA

外汇支款凭证

①

签发日期：2016-10-20

付款单位	全　　称	台州市华泰国际贸易有限公司	收款单位	全　　称	台州富达船务运输有限公司
	账　　号	1207021209200060719		账　　号	1207102500125001546
	开户银行	中国银行台州分行		开户银行	中国银行台州分行

支款货币及金额	千	百	十	万	千	百	十	元	角	分
USD750.00					$	7	5	0	0	0
牌价 6.300　购汇（或结汇）货币及金额	千	百	十	万	千	百	十	元	角	分
附言　运费	借方科目…………									
	贷方科目…………									
银行信息										

中国银行台州分行 2016-10 核算用章

审核印鉴：　　复核：　　经办：　　（单位预留印鉴）

6-3

中国银行
BANK OF CHINA

DEBIT ADVICE
借记通知

TO:
致：HUATAI INTERNATIONAL TRADE CO.，LTD

DATE（日期）：
2016-10-20

L/C NO.：
信用证号：01112ML20047542

DRAFT AMT.：
单据金额：USD750.00

AB NO.：
银行流水号：

CONTRACT NO.：
合同号：

WITH REFERENCE TO THE CAPTIONED ITEMS，PLEASE BE ADVISED THAT WE HAVE TODAY DEBITED YOUR ACCOUNT NO. 1207021209200060719 WITH THE FOLLOWING AMOUNT PAYMENT UNDER THE L/C ABOVE MENTIONED.
我行已于今日将上述业务之下列金额借记你公司 1207021209200060719 账户。

DEDUCT AMT.：
付款金额：USD750.00

BUYING RATE：6.200　SELLING RATE：6.400　REALING RATE：6.300

中国银行台州分行 2016-10 业务讫 5

BANK OF CHINA TAIZHOU BRANCH
中国银行台州分行

6－4

保险业专用发票
INSURANCE TRADE INVOICE
发票联
INVOICE

发票代码 3700000××××
发票号码 370××××

开票日期：
Date of Issue 2016－10－20

付款人：Payer　台州市华泰国际贸易有限公司	
承保险种：Coverage　财产保险	
保险单号：Policy No.　SHOUNB-JJ5886001	批单号：End. No.
保险费金额（大写）：Premium Amount（In Words）美元贰佰伍拾元整	（小写）：（In Figures）　USD250.00
代收车船税（小写）：Vehicle & Vessel Tax（In Figures）	滞纳金（小写）：Overdue Fine（In Figures）
合计（大写）：Consist（In Words）　美元贰佰伍拾元整	（小写）：（In Figures）　USD250.00
附注：Remarks	

第二联　发票联　付款方留存

银行付讫

保险公司名称：
Insurance Company 中华联合财产保险公司
保险公司签章：
Stamped by Insurance Company
保险公司纳税人识别号：
Taxpayer Identification No.

（印章：中华联合财产保险公司 88331234567898 发票专用章）

复核：
Checked by
地址：
ADD. 台州市康平路23号1座

经手人：
Handler 李俊和
电话：
TEL. 0576-25458562
（手写无效）
Not Valid If In Hand Written

6－5

中国银行 BANK OF CHINA

外汇支款凭证

①

签发日期：2016－10－20

付款单位	全　　称	台州市华泰国际贸易有限公司	收款单位	全　　称	中华联合财产保险公司									
	账　　号	1207021209200060719		账　　号	1207148850125452201									
	开户银行	中国银行台州分行		开户银行	中国银行台州分行									
支款货币及金额					千	百	十	万	千	百	十	元	角	分
USD250.00									$	2	5	0	0	0
牌价	6.300	购汇（或结汇）货币及金额			千	百	十	万	千	百	十	元	角	分
附言	保险费				借方科目 贷方科目									
银行信息														

（印章：中国银行台州分行 2016-10 核算用章）

审核印鉴：　　复核：　　经办：　　（单位预留印鉴）

6－6

DEBIT ADVICE
借记通知

中国银行 BANK OF CHINA

TO:
致：HUATAI INTERNATIONAL TRADE CO.，LTD

DATE（日期）：
2016－10－20

L/C NO.：
信用证号：01112ML20047542

DRAFT AMT.：
单据金额：USD250.00

AB NO.：
银行流水号：

CONTRACT NO.：
合同号：

WITH REFERENCE TO THE CAPTIONED ITEMS，PLEASE BE ADVISED THAT WE HAVE TODAY DEBITED YOUR ACCOUNT NO. 1207021209200060719 WITH THE FOLLOWING AMOUNT PAYMENT UNDER THE L/C ABOVE MENTIONED.
我行已于今日将上述业务之下列金额借记你公司 1207021209200060719 账户。

DEDUCT AMT.：
付款金额：USD250.00

BUYING RATE：6.150　SELLING RATE：6.350　REALING RATE：6.300

中国银行台州分行 2016-10 业务讫 5

BANK OF CHINA TAIZHOU BRANCH
中国银行台州分行

7－1

CREDIT ADVICE
贷记通知

中国银行 BANK OF CHINA

OUT REF.：TTR0200989/05C
TO:

DATE（日期）：
2016－10－22

我行已于即日将你公司之下述汇入款项贷记你公司 1207021209200060719 账户。

AMT.：USD150 000.00　RATE：6.250　NET AMT.：CNY937 500.00
收款人：HUATAI INTERNATIONAL TRADE CO.，LTD　汇入行：BANK OF CHINA
汇款编号：0500110500602　汇款日期：2016－10－22　汇款金额：USD150 000.00

REMITTER：
汇款人：秘鲁一木公司

MESSAGE：
附　言：

TRANSMIT FEE：CNY0.00
CABLE/POST CHGS：CNY0.00　NOTICE CHGS：CNY0.00
申报单号：210200002××××× 核销单号

出口收汇核销专用联号5

国家外汇管理局台州分局 业务(6) 出口已核销

中国银行台州分行 2016-10 业务讫 5

BANK OF CHINA TAIZHOU BRANCH
中国银行台州分行

8-1　**出口代理费计提表**

商品名称	发票价款	代理费率	市场汇率	代理金额	备注
男羽绒服	150 000	2%	6.250	18 750	台州市服装厂
合计					

主管：王海英　　会计：王丽　　制单：俞力

8-2

浙江省地方税务局通用机打发票

发票联

发票代码 244061107990
发票号码 05679216

开票日期：2016-10-22　　行业分类：服务业

纳税人识别号	331001753984219		机打号码	01713756
机器编号			税控防伪码	WR8WM4VyUZc4SC90LMF8
付款户名	台州市服装厂		付款方式	转账
服务项目及摘要	单位	数量	单价	金额
代理费				18 750.00
合计 人民币（大写）壹万捌仟柒佰伍拾元整				￥18 750.00

转账付讫

开票人：李丽　　收款人：　　收款单位盖章（手写无效）

台州市华泰国际贸易有限公司 331001753984219 发票专用章

9-1　**台州市华泰国际贸易有限公司代理出口划款结算单**

委托客户				
合约号		出口发票号		价格条款
商品名称		商品数量		
销售金额	原币　@			人民币
扣除费用				
实际划拨余额				

注：当日即期汇率为6.250。　　制单：　　日期：　年　月　日

9-2

中国银行 BANK OF CHINA

中国银行　电汇凭证（回　单）　①

委托日期：2016 年 10 月 22 日

□普通　□加急

汇款人	全　称	台州市华泰国际贸易有限公司	收款人	全　称	台州市服装厂
	账　号	1207021209200060719		账　号	1207440326554012458
	汇出地点	浙江省台州市		汇入地点	浙江省台州市
汇出行名称		中国银行台州分行	汇入行名称		中国银行台州分行

金额	千	百	十	万	千	百	十	元	角	分
人民币（大写）玖拾壹万零叁佰元整		¥	9	1	0	3	0	0	0	0

	支付密码
	附加信息及用途：
汇出行签章	复核　　记账

中国银行台州分行 2016-10 业务清讫 8

此联为汇出行给汇款人的回单

任务下达

【任务 1】根据所给的原始凭证和资料，进行出口业务单证识别和经济业务内容还原（用语言详细地描述业务内容）。

【任务 2】认真审核以上原始凭证，编制相应的记账凭证。

背景知识

代理出口业务（Export Agency Sales）是指有进出口权的出口企业受托代理委托方办理对外销售、发运、制单、结汇等全过程工作，或者代为办理对外销售和交单、结汇工作的出口业务。如果只代委托方办理对外成交，而不负责制单、结汇，或者只代委托方办理加工、整理、改装、发运等部分工作，则只能称为单项代办业务，而不能称为代理出口业务。简言之，凡办理结汇的，称为代理出口业务；不办理结汇的，称为代办业务。

一、代理出口业务的相关规定

企业经办代理出口业务，不垫付商品资金，不负担国内外基本费用（佣金、国内外运费、保险费等），只承担间接费用；不承担出口销售盈亏的责任。凡在代理出口过程中发生的理赔、索赔责任，出口经营的盈亏均由委托方负责，出口退税全部归委托方所有。

委托方必须提供出口货源，负担一切国内外基本费用，承担理赔责任，承担出口销售盈亏的责任。受托出口企业按照出口销货发票金额及规定的代理手续费率，向委托方计收外汇手续费，作为经办代理出口业务的间接费用开支和经营收益。

代理出口的程序与自营出口几乎一致，不同点在于代理出口销售业务前，受托出口企业会与委托方签订代理出口合同或协议，就各方的权利和责任予以明确。另外，在出口结汇、货款结算时，出口企业代理出口销售外汇货款结算方法有异地结汇法和当地结汇法两种。

（一）异地结汇法

异地结汇法是指受托出口企业在向银行办理交单收汇时办妥必要的手续，由银行收到外汇货款时，向代理出口销售业务的受托出口企业和委托单位分割结汇，扣除受托出口企业代垫的境外运费、保险费、佣金及代理手续费后，将外汇原币余额直接划拨委托单位，由委托方到所在地银行办理结汇，也称委托方结汇。

（二）当地结汇法

当地结汇法是指银行在收到外汇时全额向受托出口企业办理结汇的方法。采取这种方法时，受托出口企业先办理结汇收账，扣除垫付的国内外基本费用和应收取的代理手续费后，将人民币余额通过银行转付委托单位，也称受托方结汇。

二、代理出口业务的账务处理

（一）代理出口商品收发的核算

（1）受托方收到委托方发来的代理出口商品，根据储运部门转来的代理出口商品的入仓单，作如下处理：

借：受托代销商品——××公司

　贷：受托代销商品款

或在备查簿上作单式登记：

借：代管商品物资——××

(2) 收到储运部门转来的代理出口商品出仓单，作如下处理：

借：待运和发出商品——受托代销商品

　贷：受托代销商品——××公司

(二) 代理出口商品交单的核算

代理出口业务属于代销性质，所取得的收入属于委托方，不是受托出口企业的收入，不应记入受托出口企业的销售收入账户。但收取的代理手续费，是受托出口企业的一项收入。在发出商品、取得提单后，受托出口企业就取得了向国外客户收取货款的权利，由于这项债权实际上属于委托方，受托出口企业只是代为办理，取得货款之后还要支付给委托方，因此受托出口企业在取得一项债权的同时也产生了一项债务。

财务部门收到业务部门转来的代理出口商品的发票副本和银行回单，作会计分录如下：

借：应收外汇账款　　　　　　　　　　　　(发票货款金额×当日即期汇率)

　贷：应付账款——××公司

同时，根据代理业务出仓单（转账联）结转代理出口商品的销售成本，作会计分录如下：

借：受托代销商品款——××公司

　贷：待运和发出商品——受托代销商品

或在备查簿上作单式登记：

贷：代管商品物资——待运和发出商品

(三) 代垫国内外基本费用的核算

在代理出口业务中，受托出口企业负担的国外运费、保险费等国外费用，由委托方负责。受托出口企业垫付后，可以在结算时扣回；也可以先向委托方预收一笔款项，代理业务结束时再行清算。

财务部门根据国内外的费用发票支付相关费用，根据发票及付款凭证，作会计分录如下：

借：应付账款——××公司

　贷：银行存款

(四) 确认应收取的代理手续费收入的核算

受托出口企业根据业务部门转来的按代理出口销售收入金额的一定比例收取代理手续费发票的金额，作会计分录如下：

借：应付账款——××公司

　贷：其他业务收入——代理出口销售收入　　　　　　(注：代理业务为辅)

　　　(主营业务收入——代理出口销售收入)　　　　　(注：代理业务为主)

　　　应交税费——应交增值税（销项税额）

(五) 代理出口销售收汇的核算

受托出口企业代理出口销售收汇时，根据收汇通知及代理出口划款结算单（见表

2－14），按照不同的结算方法进行相关处理（见表2－15）。

表2－14　代理出口划款结算单

委托客户				
合 约 号		出口发票号		价格条款　CIF或CFR
商品名称		商品数量		
销售金额	原币　　　　　　@当日即期汇率			人民币
扣除费用	出口运费 出口保险费 出口佣金 代理手续费 国内运费、劳务费、刷唛费等 商品检验费 ……			
实际划拨余额				

制单：　　　　　　　　日期：　　年　月　日

表2－15　运用异地结汇法和当地结汇法处理代理出口销售收汇

异地结汇法	当地结汇法
根据银行转来的分割收结汇的收账通知和分割结汇通知，划拨委托方收汇余额： 借：银行存款　　　　　　　　① 　　财务费用——汇兑差额 　　应付账款——××公司　　　② 　贷：应收外汇账款（总金额×当日即期汇率） 说明：①＝代垫及应收费用的外币总额×买入汇率＋代垫国内费用总额 ②＝（外币总额－代垫国外费用－代理手续费）×当日即期汇率－代垫国内费用	（1）根据银行转来的收汇通知： 借：银行存款（总金额×买入汇率） 　　财务费用——汇兑差额 　贷：应收外汇账款（总金额×当日即期汇率） （2）同时，扣除垫付的基本费用和应收取的代理手续费后，差额汇付委托方，根据汇款回单，作以下会计分录： 借：应付账款——××公司（按账面余额） 　贷：银行存款

（六）代理出口业务出口关税的核算

代理出口业务发生的关税额，应由受托出口企业代征代交，受托出口企业应如数向委托单位收取，或直接从应付委托单位的出口货款中扣除。

受托出口企业收到海关签发的税款缴纳凭证时：

借：应收账款（或应付账款）

　贷：应交税费——应交出口关税

缴纳关税时：

借：应交税费——应交出口关税

　贷：银行存款

（七）代理出口销售业务税金的核算

受托出口企业代理出口销售业务所取得的代理手续费收入，按规定的税率计提并缴纳附加税。

计提时：

借：营业税金及附加

　贷：应交税费——应交城市维护建设税

　　　　　　——应交教育费附加

缴纳时：

借：应交税费

　贷：银行存款

附　件

附件 1——销货合同
附件 2——形式发票
附件 3——信用证通知书
附件 4——信用证
附件 5——服装购销合同
附件 6——装箱单
附件 7——出仓通知单
附件 8——出口货物明细单
附件 9——出口货物报关单
附件 10——商业发票
附件 11——装箱明细单
附件 12——输加拿大纺织品出口许可证
附件 13——普惠制产地证
附件 14——出境货物报检单
附件 15——出境货物换证凭单
附件 16——出境货物通关单
附件 17——投保单
附件 18——保险单
附件 19——装货单场站收据副本
附件 20——场站收据副本（大副联）
附件 21——海运提单
附件 22——装运通知
附件 23——受益人证明
附件 24——海运费发票
附件 25——港杂费发票
附件 26——增值税发票
附件 27——出口专用缴款书
附件 28——认证结果通知书
附件 29——外贸企业出口货物退税汇总申报审批表

附件 1

销货合同
SALES CONTRACT

卖方： SELLER:	TANG TEXTILE GARMENT CO.，LTD HUARONG MANSION RM2901 NO. 85 GUANJIAQIAO，NANJING 210005，CHINA	编号 NO.： 日期 DATE： 地点 SIGNED IN：	F01LCB05127 Dec. 26，2014 NANJING，CHINA

买方
BUYER: FASHION FORCE CO.，LTD
P. O. BOX 8935 NEW TERMINAL，ALTA，
VISTA OTTAWA，CANADA

买卖双方同意就以下条款达成交易：
This contract is made by and agreed between the BUYER and SELLER，in accordance with the terms and conditions stipulated below.

1. 商品编号 Art No.	2. 品名及规格 Commodity & Specification	3. 数量 Quantity	4. 单价及价格条款 Unit Price & Trade Terms	5. 金额 Amount
			CIF MONTREAL，CANADA	
46-301A	LADIES COTTON BLAZER（100% COTTON，40SX20/140X60）	2 550 PCS	USD12. 80	USD32 640. 00
		Total:	USD12. 80	USD32 640. 00

允许 With 3% 溢短装，由卖方决定 more or less of shipment allowed at the sellers' option

6. 总值 Total Value USD THIRTY TWO THOUSAND SIX HUNDRED AND FORTY ONLY.

7. 包装 Packing CARTON

8. 唛头 Shipping Marks
FASHION FORCE
F01LCB05127
CTN NO. 1 - 201
MONTREAL
MADE IN CHINA

9. 装运期及运输方式 Time of Shipment & Means of Transportation NOT LATER THAN MAR. 25，2015 BY VESSEL

10. 装运港及目的地 Port of Loading & Destination FROM：SHANGHAI TO：MONTREAL

11. 保险 Insurance FOR 110% CIF INVOICE VALUE COVERING ALL RISKS，INSTITUTE CARGO CLAUSES. INSTITUTE STRIKES，INSTITUTE WAR CLAUSES AND CIVIL COMMOTIONS CLAUSES.

12. 付款方式 Terms of Payment BY IRREVOCABLE LETTER OF CREDIT TO BE OPENED BY FULL AMOUNT OF S/C，PAYMENT AT SIGHT DOCUMENT TO BE PRESENTED WITHIN 21 DAYS AFTER DATE OF B/L AT BENEFICIARY'S ACCOUNT.

13. 备注 Remarks
1. PARTIAL SHIPMENTS：NOT ALLOWED.
2. TRANSHIPMENT：ALLOWED.

The Buyer	The Seller
FASHION FORCE CO.，LTD	TANG TEXTILE GARMENT CO.，LTD
（进口商签字和盖章）	（出口商签字和盖章）

附件 2

唐朝纺织服装有限公司

TANG TEXTILE GARMENT CO. , LTD

HUARONG MANSION RM2901 NO. 85 GUANJIAQIAO, NANJING 210005, CHINA

TEL: 0086-25-47150045 FAX: 0086-25-47113635

PROFORMA INVOICE

TO: FASHION FORCE CO. , LTD
P. O. BOX 8935 NEW TERMINAL, ALTA,
VISTA OTTAWA, CANADA

INVOICE NO. : NT10A01007
INVOICE NDTE: DEC. 26, 2014
S/C NO. : F01LCB05127
S/C DATE: DEC. 26, 2014

TERM OF PAYMENT: BY IRREVOCABLE LETTER OF CREDIT TO BE OPENED BY FULL AMOUNT OF S/C, PAYMENT AT SIGHT DOCUMENT TO BE PRESENTED WITHIN 21 DAYS AFTER DATE OF B/L AT BENEFICIARY'S ACCOUNT.

PORT OF LOADING: SHANGHAI

PORT OF DESTINATION: MONTREAL

TIME OF DELIVERY: NOT LATER THAN MAR 25, 2015 BY VESSEL

INSURANCE: FOR 110% CIF INVOICE VALUE COVERING ALL RISKS, INSTITUTE CARGO CLAUSES, INSTITUTE STRIKES, INSTITUTE WAR CLAUSES AND CIVIL COMMOTIONS CLAUSES.

VALIDITY: 21 DAYS AFTER THE DATE OF B/L

Marks and Numbers	Number and Kind of Package; Description of Goods	Quantity	Unit Price	Amount
			USD	
			CIF MONTREAL, CANADA	
FASHION FORCE F01LCB05127 CTN NO. 1 - 201 MONTREAL MADE IN CHINA	LADIES COTTON BLAZER (100% COTTON, 40SX20/140X60)	2 550 PCS	12. 80	32 640. 00
	TTL:	**2 550 PCS**		**USD32 640. 00**

BENEFICIARY: TANG TEXTILE GARMENT CO. , LTD
HUARONG MANSION RM2901 NO. 85
GUANJIAQIAO, NANJING 210005, CHINA

ADVISING BANK: BANK OF COMMUNICATIONS, NANJING BRANCH
ADD: 124 NORTH ZHONGSHAN ROAD, NANJING 210009, CHINA
TELEX: 34022 BOCNB CN
SWIFT: COMMCNSJG

NEGOTIATING BANK: HSBC SHANGHAI OR ANY BANK BY NEGOTIATION

（出口商签字和盖章）

附件 3

中国银行

BANK OF CHINA

BANK OF CHINA JIANGSU BRANCH

ADDRESS：148 ZHONGSHAN SOUTH ROAD NANJING

CABLE CHUNGKUO

TELEX：34116/34127 BOCJS CN

SWIFT：BKCHCNBJ940

FAX：42088436

信 用 证 通 知 书
NOTIFICATION OF DOCUMENTARY CREDIT

2015 - 01 - 31

TO 致：0000880 TANG TEXTILE GARMENT CO.，LTD HUARONG MANSION RM2901 NO. 85 GUANJIAQIAO，NANJING 210005，CHINA		WHEN CORRESPONDING PLEASE QUOTE OUT REF. NO.	AD94001A08126
ISSUING BANK 开证行 800076 BNP PARIBAS（CANADA） MONTREAL		TRANSMITTED TO US THROUGH 转递行 REF. NO.	
L/C NO. 信用证号 63211020049	DATED 开证日期 2015 - 01 - 29	AMOUNT 金额 USD32 640. 00	EXPIRY PLACE 有效地 LOCAL
EXPIRY DATE 有效期 2015 - 04 - 10	TENOR 期限 SIGHT	CHARGE 未付费用 CNY0. 00	CHARGE BY 费用承担人 BENE.
RECEIVED VIA 来证方式 SWIFT	AVAILABLE 是否生效 VALID	TEST/SIGN 印押是否相符 YES	CONFIRM 我行是否保兑 NO

DEAR SIRS 迳启者：
WE HAVE PLEASURE IN ADVISING YOU THAT WE HAVE RECEIVED FROM THE A/M BANK A(N) LETTER OF CREDIT，CONTENTS OF WHICH ARE AS PER ATTACHED SHEET(S).
THIS ADVICE AND THE ATTACHED SHEET(S) MUST ACCOMPANY THE RELATIVE DOCUMENTS WHEN PRESENTED FOR NEGOTIATION.
兹通知贵公司，我行收自上述银行信用证一份，现随附通知。贵公司交单时，请将本通知书及信用证一并提交。
REMARK 备注：
PLEASE NOTE THAT THIS ADVICE DOES NOT CONSTITUTE OUR CONFIRMATION OF THE ABOVE L/C NOR DOES IT CONVEY ANY ENGAGEMENT OR OBLIGATION ON OUR PART.

THIS L/C CONSISTS OF 　　SHEET(S)，INCLUDING THE COVERING LETTER AND ATTACHMENT (S).
本信用证连同面函及附件共　张。

IF YOU FIND ANY TERMS AND CONDITIONS IN THE L/C WHICH YOU ARE UNABLE TO COMPLY WITH AND/OR ANY ERROR(S)，IT IS SUGGESTED THAT YOU CONTACT APPLICANT DIRECTLY FOR NECESSARY AMENDMENT(S) SO AS TO AVOID AND DIFFICULTIES WHICH MAY ARISE WHEN DOCUMENTS ARE PRESENED.
如本信用证中有无法办到的条款及/或错误，敬请与开证申请人联系，进行必要的修改，以排除交单时可能发生的问题。

THIS L/C IS ADVISED SUBJECT TO ICC UCP PUBLICATION NO. 500.
本信用证之通知系遵循国际商会《跟单信用证统一惯例》第 500 号出版物办理。

此证如有任何问题及疑虑，请与结算业务部审证科联络，电话：025-42078884-30325，30326，30328。

YOURS FAITHFULL
FOR **BANK OF CHINA**
（银行盖信用证通知专用单）

附件 4

2015 JAN. 31 15:23:46 LOGICAL TERMINAL E102
MT S700 **ISSUE OF A DOCUMENTARY CREDIT** PAGE 00001
FUNC MSG700
UMR 06607642

MSGACK DWS765I AUTH OK, KEY B110106173BAOC53B, BKCHCNBJ BNPA **** RECORD

BASIC HEADER	F 01 BKCHCNBJA940 0542 725524		
APPLICATION HEADER	0 700 1522 150129 BNPACAMMA××× 4968 839712 150130 0028 N		
		* BNP PARIBAS (CANADA)	
		* MONTREAL	
USER HEADER	SERVICE CODE	103:	
	BANK PRIORITY	113:	
	MSG USER REF.	108:	(银行盖信用证通知专用章)
	INFO. FROM CI	115:	

SEQUENCE OF TOTAL	*	27	1/1
FORM OF DOC. CREDIT	*	40A	IRREVOCABLE
DOC. CREDIT NUMBER	*	20	63211020049
DATE OF ISSUE		31C	150129
EXPIRY	*	31D	DATE 150410 PLACE IN BENEFICIARY'S COUNTRY
APPLICANT	*	50	FASHION FORCE CO., LTD P. O. BOX 8935 NEW TERMINAL, ALTA, VISTA OTTAWA, CANADA
BENEFICIARY	*	59	TANG TEXTILE GARMENT CO., LTD HUARONG MANSION RM2901 NO. 85 GUANJIAQIAO, NANJING 210005, CHINA
AMOUNT	*	32B	CURRENCY USD AMOUNT 32 640
AVAILABLE WITH/BY	*	41D	ANY BANK BY NEGOTIATION
DRAFTS AT...		42C	SIGHT
DRAWEE		42A	BNPACAMM××× * BNP PARIBAS (CANADA) * MONTREAL
PARTIAL SHIPMENTS		43P	NOT ALLOWED
TRANSHIPMENT		43T	ALLOWED
LOADING ON CHARGE		44A	CHINA
FOR TRANSPORT TO...		44B	MONTREAL
LATEST DATE OF SHIP.		44C	150325
DESCRIPTION OF GOODS		45A	

SALES CONDITIONS: CIF MONTREAL/CANADA
SALES CONTRACT NO. F01LCB05127
LADIES COTTON BLAZER (100% COTTON, 40SX20/140X60)

STYLE NO.	PO NO.	QTY/PCS	USD/PC
46-301A	10337	2 550	12.80

DOCUMENTS REQUIRED 46A:

+ COMMERCIAL INVOICES IN 3 COPIES SIGNED BY BENEFICIARY'S REPRESENTATIVE.
+ CANADA CUSTOMS INVOICES IN 4 COPIES.
+ FULL SET OF ORIGINAL MARINE BILLS OF LADING CLEAN ON BOARD PLUS 2 NON-NEGOTIABLE COPIES MADE OUT OR ENDORSED TO ORDER OF BNP PARIBAS (CANADA) MARKED FREIGHT PREPAID AND NOTIFY APPLICANT'S FULL NAME AND ADDRESS.
+ DETAILED PACKING LISTS IN 3 COPIES.
+ COPY OF CERTIFICATE OF ORIGIN FORM A.
+ COPY OF EXPORT LICENCE.
+ BENEFICIARY'S LETTER STATING THAT ORIGINAL CERTIFICATE OF ORIGIN FORM A, ORIGINAL EXPORT LICENCE, COPY OF COMMERCIAL INVOICE, DETAILED PACKING LISTS

AND A COPY OF BILL OF LADING WERE SENT DIRECT TO APPLICANT BY COURIER WITHIN 5 DAYS AFTER SHIPMENT.

THE RELATIVE COURIER RECEIPT IS ALSO REQUIRED FOR PRESENTATION.

+ COPY OF APPLICANT'S FAX APPROVING PRODUCTION SAMPLES BEFORE SHIPMENT.
+ LETTER FROM SHIPPER ON THEIR LETTERHEAD INDICATING THEIR NAME OF COMPANY AND ADDRESS, BILL OF LADING NUMBER, CONTAINER NUMBER AND THAT THIS SHIPMENT, INCLUDING ITS CONTAINER, DOES NOT CONTAIN ANY NON-MANUFACTURED WOODEN MATERIAL, DUNNAGE, BRACING MATERIAL, PALLETS, CRATING OR OTHER NON-MANUFACTURED WOODEN PACKING MATERIAL.
+ INSPECTION CERTIFICATE ORIGINAL SINGEND AND ISSUED BY FASHION FORCE CO., LTD STATING THE SAMPLES OF 4 STYLE GARMENTS HAS BEEN APPROVED, WHICH SEND THROUGH DHL BEFORE 15 DAYS OF SHIPMENT.
+ INSURANCE POLICY OR CERTIFICATE IN 1 ORIGINAL AND 1 COPY ISSUED OR ENDORSED TO THE ORDER OF BNP PARIBAS (CANADA) FOR THE CIF INVOICE PLUS 10 PERCENT COVERING ALL RISKS, INSTITUTE CARGO CLAUSES, INSTITUTE STRIKES, INSTITUTE WAR CLAUSES AND CIVIL COMMOTIONS CLAUSES.

ADDITIONAL COND. 47A:

+ IF DOCUMENTS PRESENTED ARE FOUND BY US NOT TO BE UNFULL COMPLIANCE WITH CREDIT TERMS, WE WILL ASSESS A CHARGE OF USD 55.00 PER SET OF DOCUMENTS.
+ ALL CHARGES IF ANY RELATED TO SETTLEMENTS ARE FOR ACCOUNT OF BENEFICIARY.
+ 3 PCS MORE OR LESS IN AMOUNT AND QUANTITY IS ALLOWED.
+ ALL CERTIFICATES/LETTERS/STATEMENTS MUST BE SIGNED AND DATED.
+ FOR INFORMATION ONLY, PLEASE NOTE AS OF JANUARY 4, 2015 THAT ALL SHIPMENTS FROM CHINA THAT ARE PACKED WITH UNTREATED WOOD WILL BE BANNED FROM CANADA DUE TO THE THREAT POSED BY THE ASIAN LONGHORNED BEETLE.
+ THE CANADIAN GOVERNMENT NOW INSIST THAT EVERY SHIPMENT ENTERING CANADA MUST HAVE THE ABOVE DOCUMENTATION WITH THE SHIPMENT.
+ BILL OF LADING AND COMMERCIAL INVOICE MUST CERTIFY THE FOLLOWING: THIS SHIPMENT, INCLUDING ITS CONTAINER DOES NOT CONTAIN ANY NON-MANUFACTURED WOODEN MATERIAL, DUNNAGE, BRACING MATERIAL, PALLETS, CRATING OR OTHER NON-MANUFACTURED WOODEN PACKING MATERIAL.
+ BENEFICIARY'S BANK ACCOUNT NO. 07773108201140121

CHARGES 71B: OUTSIDE COUNTRY BANK CHARGES
TO BE BORNE BY THE BENEFICIARY
OPENING BANK CHARGES
TO BE BORNE BY THE APPLICANT

CONFIRMATION * 49: WITHOUT

INSTRUCTIONS 78:

+ WE SHALL COVER THE NEGOTIATING BANK AS PER THEIR INSTRUCTIONS FORWARD DOCUMENTS IN ONE LOT BY SPECIAL COURIER PREPAID TO BNP PARIBAS (CANADA) 1981 MCGILL COLLEGE AVE. MONTREAL QC H3A 2W8 CANADA.

SEND. TO REC. INFO. 72: THIS CREDIT IS SUBJECT TO UCP FOR DOCUMENTARY CREDIT 1993 REVISION ICC PUBLICATION 500 AND IS THE OPERATIVE INSTRUMENT.

TRAILER ORDER IS 〈MAC:〉〈PAC:〉〈ENC:〉〈CHK:〉〈TNG:〉〈PDE:〉
MAC: F344CA36
CHK: AA6204FFDFC2

附件 5

服装购销合同

供方：季节制衣有限公司　　合同编号：F01LCB05127-B

签订时间：2015 年 2 月 1 日

需方：唐朝纺织服装有限公司　　签订地点：南京/无锡

一、产品名称、品种规格、数量、金额、供货时间：

客户款号	客户订单号	货物描述	计量单位	数量	单价	总金额	交（提）货时间及数量
46-301A	10337	女式全棉运动上衣（100%棉，40SX20/140X60）	件	2 550	90	229 500.00	2015 年 3 月 14 日前工厂交货
			合　计	2 550		229 500.00	
合计人民币（大写）	贰拾贰万玖仟伍佰圆整						
备注：	1. 单价为含税价。 2. 需方凭供方提供的增值税发票及相应的税收（出口货物专用）缴款书在供方工厂交货后十五个工作日内付款。如果供方未将有关票证备齐，需方扣除 17%税款支付给供方，等有关票证齐全后结清余款。 3. 本合同经双方传真签字盖章后即生效。						

二、质量要求和技术标准：
1. 服装搭配按客户要求。
2. 服装尺寸按客供尺码表，不得超出公差。
3. 成衣不得有色差，不得有脏迹，整烫平整。
4. 平摊包装。

三、交（提）货地点、方式：工厂交货。

四、运输方式及到达站港和费用负担：需方自行送货至指定仓库，费用由需方承担。

五、包装标准、包装物的供应与回收：纸箱包装符合出口标准和客户要求。

六、验收标准、方法及提出异议期限：经客户验货合格后放行，同时供方提供商检放行单或商检换证凭单。

七、结算方式及期限：详见备注 2。

八、违约责任：违约方支付合同金额 10%的违约金。

九、解决合同纠纷的方式：按《中华人民共和国经济合同法》或双方协商解决。

供　方（盖章）	需　方（盖章）	鉴（公）证意见
单位名称：季节制衣有限公司 单位地址：无锡市中山路 162 号 法定代表人：吴倩倩 委托代理人： 电　　话：0510-27281935 税务登记号：330202134772622 开户银行：中国建设银行无锡分行 账　　号：3258324283 邮政编码：214005	单位名称：唐朝纺织服装有限公司 单位地址：南京市管家桥 85 号华荣大厦 2901 室 法定代表人：张亮 委托代理人： 电　　话：025-47150045 税务登记号：320102134773852 开户银行：中国银行江苏分行 账　　号：295827581 邮政编码：210005	经办人： 鉴（公）证意见（章） 日期：

附件 6

季节制衣有限公司
装箱单
PACKING LIST

箱号 CARTON NO.	花型/色别 DESIGNS/ COLORS	货号 STYLE NO.	每箱尺寸搭配 SIZE ASSORTMENT PER CARTON						每箱（件/套） PCS/SETS PER CTN	箱数 CTNS	共计数量（件/套） TOTAL PCS/SETS	每箱毛重（千克） GR. WT. PER CTN (KGS)	每箱净重（千克） NET. WT. PER CTN (KGS)	每箱尺寸 MEASUREMENT PER CTN (CM)	每箱体积（立方米） M³/CTN
			10	12	14	16	18	20							
1-18	BLACK	46-301A	14						14	18	252	15	10	97×72×12	0.084
19-56	BLACK			14					14	38	532				
57-106	BLACK				13				13	50	650			98×76×12	0.089
107-149	BLACK					12			12	43	516				
150-174	BLACK						12		12	25	300			99×80×11	0.087
175-193	BLACK							12	12	19	228				
194	WHITE		11						11	1	11			97×72×12	0.084
195	WHITE			9	3				12	1	12				
196	WHITE				13				13	1	13			98×76×12	0.089
197	WHITE				3	9			12	1	12				
198-200	WHITE						4		4	3	12			99×80×11	0.087
201	WHITE						2	10	12	1	12				

总计： 201 CTNS 2 550 PCS 3 015 KGS 2 010 KGS 17.51 M³

季节制衣有限公司(盖章)
发货人：王晓宁
电　话：0510-27281935
日　期：2015 年 3 月 9 日

附件 7

出仓通知单

2015 年 3 月 9 日

合约号：F01LCB05127　　　　运编号：NT01FF004

发运点：无锡　　　　产地：季节制衣有限公司　　　　公司 L/C 编号：63211020049

进仓单号	货号/货名及规格	件号	毛/净重（KGS）	件（箱）	数量（PCS）	体积（M³）	单价（USD）	国别	品类	税则号
015002	46-301A 女式全棉运动上衣	1-201	15.00/10.00	201	2 550	17.51	12.80/PC 32 640.00	CANADA	CAT. 15	3200011239
合　计	（价格条件：CIF MONTREAL）			201	2 550	17.51				
总金额	CIF 价　USD32 640.00			FOB 价 USD28 049.60						
备　注	船　期：2015－03－20 工作货期：2015－03－14 提单日期：2015－03－20	船代理：COSCO 目的港：MONTREAL 中转港：　免检商品					注意			
唛头	FASHION FORCE F01LCB05127 CTN NO. 1－201 MONTREAL MADE IN CHINA									

制单员：李文

附件 8

出口货物明细单

2015 年 3 月 9 日

银行编号		外运编号	NT01FF004
核销单号	327656966	许可证号	141252
合 同 号	F01LCB05127		
信号证号	63211020049		
开证日期	2015－01－29	收到日期	2015－01－31
金　额	USD32 640.00	收汇方式	L/C AT SIGHT
货物性质	贸易	贸易国别	CANADA
出口口岸	SHANGHAI	目 的 港	MONTREAL
可否转运	YES	可否分批	NO
装运期限	2015－03－25	有效期限	2015－04－10

经营单位（装船人）		TANG TEXTILE GARMENT CO.，LTD HUARONG MANSION RM2901 NO. 85 GUANJIAQIAO， NANJING 210005，CHINA
提单或承运收据	抬头人	TO THE ORDER OF BNP PARIBAS（CANADA）
	通知人	FASHION FORCE CO.，LTD P. O. BOX 8935 NEW TERMINAL，ALTA， VISTA OTTAWA，CANADA
	运费	FREIGHT PREPAID

标记唛头	货名规格及货号	件数	体积	毛重	净重	价格（成交条件）	
			CBM	KGS		单价	总价
FASHION FORCE F01LCB05127 CTN NO. 1－201 MONTREAL MADE IN CHINA	LADIES COTTON BLAZER 100%　COTTON， 40SX20/140X60	201 CTNS	17.51	3 015.00	2 010.00	USD12.80	USD32 640.00

TOTAL：201 CTNS　　17.51 CBM　3 015 KGS 2 010 KGS　　USD32 640.00

SAY TOTAL：TWO HUNDRED AND ONE CARTONS ONLY.

（出口商盖出口货物明细专用章）

本公司注意事项			总 体 积	17.51 CBM
		保险单	险　别	
			保　额	
			赔款地点	
外运外轮注意事项			船　名	
			海关编号	
			放行日期	
			制 单 员	胡爱玲

附件 9

中华人民共和国海关出口货物报关单

预录入编号：　　　　　　　　　　　　　　　　　　　　　　海关编号：

收发货人 3201004261 唐朝纺织服装有限公司	出口口岸 SHANGHAI PORT	出口日期 2015-03-20	申报日期
生产销售单位 3201004261 唐朝纺织服装有限公司	运输方式 BY SEA	运输工具名称 海运	提运单号
申报单位	监管方式 一般贸易	征免性质 一般征税	备案号

贸易国（地区）	运抵国（地区） CANADA	指运港 MONTREAL	境内货源地

许可证号 141252	成交方式 CIF	运费 USD32 640.00	保费	杂费
合同协议号 F01LCB05127	件数 2 550 PCS	包装种类 CARTON	毛重（千克） 3 015.00 KGS	净重（千克） 2 010.00 KGS

集装箱号	随附单证 INVOICE，PACKING LIST

标记唛码及备注
FASHION FORCE
F01LCB05127
CTN NO. 1-201
MONTREAL
MADE IN CHINA

项号	商品编号	商品名称、规格型号	数量及单位	最终目的国（地区）	单价	总价	币制	征免
1	62043200.90	LADIES COTTON BLAZER 100% COTTON 40SX20/140X60	2 550 PCS	CANADA	USD12.80	USD32 640.00	USD	

特殊关系确认：否　　　　价格影响确认：否　　　　支付特许权使用费确认：否

录入员　　录入单位	兹申明对以上内容承担如实申报、依法纳税之法律责任	海关批注及签章
报关人员	申报单位（签章）	

附件 10

ISSUER TANG TEXTILE GARMENT CO.，LTD HUARONG MANSION RM2901 NO. 85 GUANJIAQIAO， NANJING 210005，CHINA	商业发票 **COMMERCIAL INVOICE**
TO FASHION FORCE CO.，LTD P. O. BOX 8935 NEW TERMINAL，ALTA， VISTA OTTAWA，CANADA	**NO.** NT01FF004 / **DATE** Mar. 9，2015
TRANSPORT DETAILS SHIPMENT FROM SHANGHAI TO MONTREAL BY VESSEL	**S/C NO.** F01LCB05127 / **L/C NO.** 63211020049 **TERMS OF PAYMENT** L/C AT SIGHT

Marks and Numbers	Number and kind of package Description of goods	Quantity	Unit Price	Amount
			USD	
			CIF MONTREAL，CANADA	
FASHION FORCE F01LCB05127 CTN NO. 1 - 201 MONTREAL MADE IN CHINA	LADIES COTTON BLAZER (100% COTTON，40SX20/140X60)	2 550 PCS	USD12. 80	USD32 640. 00
	Total:	**2 550 PCS**		**USD32 640. 00**

SAY TOTAL：USD THIRTY TWO THOUSAND SIX HUNDRED AND FORTY ONLY.

SALES CONDITIONS：CIF MONTREAL/CANADA
SALES CONTRACT NO.：F01LCB05127
LADIES COTTON BLAZER（100% COTTON，40SX20/140X60）

STYLE NO.	PO NO.	QTY/PCS	USD/PC
46-301A	10337	2 550	12. 80

（出口商签字和盖单据章）

附件 11

唐朝纺织服装有限公司
TANG TEXTILE GARMENT CO., LTD

DETAILED PACKING LIST

TO: FASHION FORCE CO., LTD
P. O. BOX 8935 NEW TERMINAL, ALTA,
VISTA OTTAWA, CANADA

INVOICE NO.: NT01FF004
INVOICE DATE: 2015-03-09
S/C NO.: F01LCB05127
S/C DATE: 2014-12-26

FROM: SHANGHAI　　**TO:** MONTREAL
Letter of Credit No.: 63211020049　　**Date of Shipment:** 2015-03-25

CTN NO.	CTNS	DESIGNS/ COLORS	STYLE NO.	SIZE ASSORTMENT PER CARTON						PCS/ CNT	TOTAL PCS/ CNTS	G. W./ CTN	N. W./ CTN	MEAS./ CTN	CBM/ CTN
				10	12	14	16	18	20						
1-18	18	BLACK	46-301A	14						14	252	15	10	97×72×12	0.084
19-56	38	BLACK			14					14	532				
57-106	50	BLACK				13				13	650			98×76×12	0.089
107-149	43	BLACK					12			12	516				
150-174	25	BLACK						12		12	300			99×80×11	0.087
175-193	19	BLACK							12	12	228				
194	1	WHITE		11						11	11			97×72×12	0.084
195	1	WHITE			9	3				12	12				
196	1	WHITE				13				13	13			98×76×12	0.089
197	1	WHITE				3	9			12	12				
198-200	3	WHITE						4		4	12			99×80×11	0.087
201	1	WHITE						2	10	12	12				
1/201ex															
TOTAL	**201**										**2 550**	**3 015**	**2 010**		**17.51**

SHIPPING MARKS:
FASHION FORCE
F01LCB05127
CTN NO. 1-201
MONTREAL
MADE IN CHINA

（出口商签字和盖单据章）

SALES CONDITIONS: CIF MONTREAL/CANADA
SALES CONTRACT NO.: F01LCB05127
LADIES COTTON BLAZER (100% COTTON, 40SX20/140X60)

STYLE NO.	PO NO.	QTY/PCS	USD/PC
46-301A	10337	2 550	12.80

附件 12

输加拿大纺织品出口许可证

<table>
<tr>
<td rowspan="2">1. Exporter (name, full address, country)

TANG TEXTILE GARMENT CO., LTD
HUARONG MANSION RM2901 NO. 875 GUANJIAQIAO,
NANJING 210005, CHINA</td>
<td>ORIGINAL</td>
<td>2. No. 141252</td>
</tr>
<tr>
<td>3. Quota year
2015</td>
<td>4. Category number
15</td>
</tr>
<tr>
<td rowspan="2">5. Consignee (name, full address, country)

FASHION FORCE CO., LTD
P. O. BOX 8935 NEW TERMINAL, ALTA,
VISTA OTTAWA, CANADA</td>
<td colspan="2">EXPORT LICENCE
(Textile Products)</td>
</tr>
<tr>
<td>6. Country of origin
CHINA</td>
<td>7. Country of destination
CANADA</td>
</tr>
<tr>
<td>8. Place and date of shipment/Means of transport

FROM SHANGHAI CHINA TO MONTREAL CANADA
BY SEA IN APR. 2015</td>
<td colspan="2">9. Supplementary details
CAT: 0150</td>
</tr>
<tr>
<td colspan="3">10. Marks and numbers-Number and kind of packages-Description of goods   11. Quantity   12. FOB Value

FASHION FORCE   LADIES COTTON BLAZER   *** 2 550 PCS ***   USD32 640.00
F01LCB05127   (100% COTTON, 40SX20/140X60)
CTN NO. 1 - 201
MONTREAL
MADE IN CHINA
SAY TOTAL: TWO THOUSAND FIVE HUNDRED AND FIFTY PCS ONLY.
SALES CONDITIONS: CIF MONTREAL/CANADA
SALES CONTRACT NO.: F01LCB05127
LADIES COTTON BLAZER (100% COTTON, 40SX20/140X60)
STYLE NO.   PO NO.   QTY/PCS   USD/PC
46-301A   10337   2 550   12.80</td>
</tr>
<tr>
<td colspan="3">13. CERTIFICATION BY THE COMPETENT AUTHORITY
The undersigned, certify that the goods described above have been charged against the quantitative limit established for the year shown in box No. 3 in respect of the category shown in box No. 4 by the provisions regulating trade in textile products with CANADA.</td>
</tr>
<tr>
<td>14. Competent authority (name, full address, country)
DEPARTMENT OF FOREIGN TRADE AND ECONOMIC COOPERATION, JIANGSU PROVINCIAL GOVERNMENT, 29 EAST BEIJING ROAD, NANJING JIANGSU, CHINA</td>
<td colspan="2">(中华人民共和国对外贸易经济合作部纺织品专用章)
At-A NANJING CHINA on ______</td>
</tr>
</table>

附件 13

<table>
<tr><td colspan="3">1. Goods consigned from (Exporter's business name, address, country)
TANG TEXTILE GARMENT CO., LTD
HUARONG MANSION RM2901 NO. 85 GUANJIAQIAO,
NANJING 210005, CHINA</td><td colspan="3" rowspan="2">Reference No.
GENERALIZED SYSTEM OF PREFERENCES
CERTIFICATE OF ORIGIN
(Combined declaration and certificate)
FORM A
Issued in THE PEOPLE'S REPUBLIC OF CHINA
(country)
See Notes overleaf</td></tr>
<tr><td colspan="3">2. Goods consigned to (Consignee's business name, address, country)
FASHION FORCE CO., LTD
P. O. BOX 8935 NEW TERMINAL, ALTA,
VISTA OTTAWA, CANADA</td></tr>
<tr><td colspan="3">3. Means of transport and route (as far as known)
SHIPMENT FROM SHANGHAI TO MONTEREAL
BY VESSEL</td><td colspan="3">4. For official use</td></tr>
<tr><td>5. Item number</td><td>6. Marks and numbers of packages</td><td>7. Number and kind of packages; Description of goods</td><td>8. Origin criterion (see Notes overleaf)</td><td>9. Gross weight or other quantity</td><td>10. Number and date of invoices</td></tr>
<tr><td>1</td><td>FASHION FORCE
F01LCB05127
CTN NO.
MONTREAL
MADE IN CHINA</td><td>SALES CONDITIONS: CIF MONTREAL CANADA
SALES CONTRACT NO.: F01LCB05127
LADIES COTTON BLAZER
(100% COTTON, 40SX20/140X60)
STYLE NO. PO NO. QTY/PCS USD/PC
46-301A 10337 2 550 12.80

*****************************</td><td>"P"

******
TOTAL:</td><td>2 550 PCS

****
2 550 PCS</td><td>NT001FF004
Mar. 20, 2015</td></tr>
<tr><td colspan="3">11. Certification
It is hereby certified, on the basis of control carried out, that the declaration by the exporter is correct.

(出入境检验检疫局或贸促会盖 FORM A 章)

NANJING, JIANGSU, MAR. 20, 2015
Place and date, signature and stamp of certifying authority</td><td colspan="3">12. Declaration by the exporter
The undersigned hereby declares that the above details and statements are correct, that all the goods were produced in
CHINA
(country)
and that they comply with the origin requirements specified for those goods in the Generalized System of Preferences for goods exported to
CANADA

(出口商签字和盖章)
place and date, signature and stamp of authorized signatory</td></tr>
</table>

附件 14

中华人民共和国出入境检验检疫
出境货物报检单

报检单位（加盖公章）： *编　　号 ________

报检单位登记号：　　　联系人：　　　电话：　　　报检日期：2015 年 3 月 12 日

发货人	（中文）唐朝纺织服装有限公司				
	（外文）TANG TEXTILE GARMENT CO.，LTD				
收货人	（中文）				
	（外文）FASHION FORCE CO.，LTD				
货物名称（中/外文）	H. S. 编码	产地	数/重量	货物总值	包装种类及数量
女式全棉运动上衣 LADIES COTTON BLAZER	62043200.90	无锡	2 550 件	USD32 640.00	纸箱 201 箱

运输工具名称号码	船舶	贸易方式	一般贸易	货物存放地点	工厂仓库
合同号	F01LCB05127	信用证号	63211020049	用途	外穿
发货日期	2015 - 03 - 25	输往国家（地区）	加拿大	许可证/审批号	328
起运地	上海	到达口岸	蒙特利尔	生产单位注册号	8200/338524
集装箱规格、数量及号码	20′×1				

合同、信用证订立的检验检疫条款或特殊要求	标 记 及 号 码	随附单据（划“√”或补填）	
	FASHION FORCE F01LCB05127 CTN NO. 1 - 201 MONTREAL MADE IN CHINA	☑合同 ☑信用证 ☑发票 ☐换证凭单 ☑装箱单 ☐厂检单	☐包装性能结果单 ☐许可/审批文件 ☐ ☐ ☐ ☐

需要证单名称（划“√”或补填）				*检验检疫费	
☐品质证书	_正_副	☐植物检疫证书	_正_副	总金额（人民币元）	
☐重量证书	_正_副	☐熏蒸/消毒证书	_正_副		
☐数量证书	_正_副	☑出境货物换证凭单	_正_副	计费人	
☐兽医卫生证书	_正_副	☐			
☐健康证书	_正_副	☐		收费人	
☐卫生证书	_正_副	☐			
☐动物卫生证书	_正_副	☐			

报检人郑重声明：	领 取 证 单	
1. 本人被授权报检。 2. 上列填写内容正确属实，货物无伪造或冒用他人的厂名、标志、认证标志，并承担货物质量责任。	日期	
签名：________	签名	

说明：带“*”号栏由出入境检验检疫机关填写。　　◆国家出入境检验检疫局制

附件 15

中华人民共和国出入境检验检疫
出境货物换证凭单

类别：口岸申报换证　　　　　　　　　　　　编号：32010020200761O

发货人	唐朝纺织服装有限公司	标记及号码
收货人	×××	FASHION FORCE
品名	女式全棉运动上衣	F01LCB05127
H. S. 编码	62043200. 90	CTN NO. 1 - 201
报检数/重量	- 2 550 -件	MONTREAL
包装种类及数量	纸箱- 201 -	MADE IN CHINA
申报总值	- 32 640 -美元	

产地	江苏省无锡市	生产单位（注册号）	季节制衣有限公司
生产日期	2015 年 3 月	生产批号	3201FZ21802003
包装性能检验结果单号	340400301000200	合同/信用证号	F01LCB05127/63211020049
		运输工具名称及号码	×××
输往国家或地区	加拿大	集装箱规格及数量	×××　×××
发货日期	2015 年 3 月	检验依据	SNT0557-1996 及合同

检验检疫结果

本批货物共 201 箱 2 550 件，经按 SN/T0557-1996 标准的要求，随机抽取代表性样品 8 箱 101 件，根据上述检验依据进行检验，结果如下：

款号：46-301A

色号：黑色、白色

规格：10-12-14-16-18

上述货物经检验，符合检验依据要求。

××××××

（出入境检验检疫局检验检疫专用章）

签字：王天皓　　　　　　　　　　日期：2015 年 3 月 13 日

本单有效期	截至 2016 年 3 月 12 日
备注	产地标识查验符合规定

分批出境核销栏

日期	出境数/重量	结存数/重量	核销人	日期	出境数/重量	结存数/重量	核销人

说明：1. 货物出境时，经口岸检验检疫机关查验货证相符，且符合检验检疫要求的予以签发通关单或换发检验检疫证书；2. 本单不作为国内贸易的品质或其他证明；3. 涂改无效。

①办理换证

附件 16

中华人民共和国出入境检验检疫
出境货物通关单

编　号：320100202013340

1. 发货人 唐朝纺织服装有限公司			5. 标 记 及 号 码 FASHION FORCE F01LCB05127 CTN NO. 1 - 201 MONTREAL MADE IN CHINA
2. 收货人 ×××			
3. 合同/信用证号 F01LCB05127/63211020049		4. 输往国家或地区 加拿大	
6. 运输工具名称号码 海运集装箱×××		7. 发货日期 2015 - 03 - 20	8. 集装箱规格及数量 20′×1
9. 货物名称及规格	10. H. S. 编码	11. 申报总值	12. 数/重量、包装数量及种类
女式全棉运动上衣	62043200. 90	32 640. 00 美元	2 550 件 201 纸箱

（出入境检验检疫局检验检疫专用章）

上述货物已经检验检疫，请海关予以放行。

本通关单有效期至二〇一五年五月八日

签字：（负责人签名）　　　　日期：2015 年 03 月 15 日

13. 备注：

A3783758　　　　①货物通关

附件 17

PICC

中国人民保险公司南京市分公司

The People's Insurance Company of China Nanjing Branch

地址：中国南京太平南路 393 号　邮编（POST CODE）：210002

电话（TEL）：（025）45022448　传真（FAX）：（025）45022448

出口货物运输保险投保单

<table>
<tr><td>发票号码</td><td>NT001FF004</td><td>投保条款和险别</td></tr>
<tr><td rowspan="2">被保险人</td><td>客户抬头
FASHION FORCE CO.，LTD</td><td rowspan="15">(　) PICC CLAUSE
(√) ICC CLAUSE
(√) ALL RISKS
(　) W. P. A/W. A
(　) F. P. A.
(√) WAR RISKS
(　) S. R. C. C.
(√) STRIKE
(　) ICC CLAUSE A
(　) ICC CLAUSE B
(　) ICC CLAUSE C
(　) AIR TPT ALL RISKS
(　) AIR TPT RISKS
(　) O/L TPT ALL RISKS
(　) O/L TPT RISKS
(　) TRANSHIPMENT RISKS
(　) W TO W
(　) T. P. N. D.
(　) F. R. E. C.
(　) R. F. W. D.
(　) RISKS OF BREAKAGE
(　) I. O. P.</td></tr>
<tr><td>过户</td></tr>
<tr><td rowspan="3">保险金额</td><td>USD　（3 590.40）</td></tr>
<tr><td>HKD　（　　）</td></tr>
<tr><td>（　）（　　）</td></tr>
<tr><td rowspan="3">起运港</td><td>(√)　SHANGHAI</td></tr>
<tr><td>(　)　NANJING</td></tr>
<tr><td>(　)　(　　)</td></tr>
<tr><td>目的港</td><td>MONTREAL</td></tr>
<tr><td>转内陆</td><td></td></tr>
<tr><td>开航日期</td><td></td></tr>
<tr><td>航名航次</td><td></td></tr>
<tr><td>赔款地点</td><td>CANADA</td></tr>
<tr><td>赔付币别</td><td></td></tr>
<tr><td>正本份数</td><td></td></tr>
<tr><td>其他特别条款</td><td colspan="2">COVERING INSTITUTE CIVIL COMMOTIONS CLAUSES.</td></tr>
</table>

<table>
<tr><td colspan="4">以下由保险公司填写</td></tr>
<tr><td>保单号码</td><td></td><td>费率</td><td></td></tr>
<tr><td>签单日期</td><td></td><td>保费</td><td></td></tr>
</table>

投保日期：2015 年 3 月 16 日　　投保人签章：

被保险人确认对本保险合同条款和内容已经完全了解。

附件 18

中国人民保险公司南京市分公司

The People's Insurance Company of China Nanjing Branch

PICC

总公司设于北京　　一九四九年创立

Head Office Beijing　　Established in 1949

货物运输保险单

CARGO TRANSPORTATION INSURANCE POLICY

发票号（INVOICE NO.）　NT001FF004

合同号（CONTRACT NO.）　F01LCB05127

信用证号（L/C NO.）　63211020049

保单号次 POLICY NO.　NJ93/GJ20010165

被保险人：TANG TEXTILE GARMENT CO.，LTD

Insured：唐朝纺织服装有限公司

中国人民保险公司（以下简称本公司）根据被保险人的要求，由被保险人向本公司缴付约定的保险费，按照本保险单承保险别和背面所载条款与下列特款承保下述货物运输保险，特立本保险单。

THIS POLICY OF INSURANCE WITNESSES THAT THE PEOPLE'S INSURANCE COMPANY OF CHINA（HEREINAFTER CALLED "THE COMPANY"）AT THE REQUEST OF THE INSURED AND IN CONSIDERATION OF THE AGREED PREMIUM PAID TO THE COMPANY BY THE INSURED.

UNDERTAKES TO INSURE THE UNDERMENTIONED GOODS IN TRANSPORTATION SUBJECT TO THE CONDITIONS OF THIS POLICY AS FOR THE CLAUSES PRINTED OVERLEAF AND OTHER SPECIAL CLAUSES ATTACHED HEREON.

标　记 MARKS&NOS	包装及数量 QUANTITY	保险货物项目 DESCRIPTION OF GOODS	保险金额 AMOUNT INSURED
AS PER INVOICE NO. NT001FF004	201 CTNS	LADIES COTTON BLAZER （100% COTTON，40SX20/140X60）	USD3 590.00

总保险金额：

TOTAL AMOUNT INSURED：USD THREE THOUSAND FIVE HUNDRED AND NINETY ONLY.

保费：PERMIUM：AS ARRANGED　起运日期：DATE OF COMMENCEMENT：AS PER B/L　装载运输工具：PER CONVEYANCE：BY SEA

自 FROM SHANGHAI　经 VIA ______　至 TO MONTREAL

承保险别：

CONDITIONS：

COVERING ALL RISKS. INSTITUTE CARGO CLAUSES，INSTITUTE STRIKES，INSTITUTE WAR CLAUSES AND CIVIL COMMOTIONS CLAUSES.

所保货物，如发生保险单项下可能引起索赔的损失或损坏，应立即通知本公司下述代理人查勘。如果索赔，应向本公司提交保单正本（本保险单共有 两 份正本）及有关文件，如一份正本已用于索赔，其余正本自动失效。

IN THE EVENT OF LOSS OR DAMAGE WHICH MAY RESULT IN A CLAIM UNDER THE POLICY，IMMEDIATE NOTICE MUST BE GIVEN TO THE COMPANY'S AGENT AS MENTIONED HEREUNDER. CLAIMS，IF ANY，ONE OF THE ORIGINAL POLICY WHICH HAS BEEN ISSUED IN TWO ORIGINAL(S) TOGETHER WITH THE RELEVANT DOCUMENTS SHALL BE SURRENDERED TO THE COMPANY. IF ONE OF THE ORIGINAL POLICY HAS BEEN ACCOMPLISHED，THE OTHERS TO BE VOID.

FASHION FORCE CO.，LTD
P. O. BOX 8935 NEW TERMINAL，ALTA，
VISTA OTTAWA，CANADA

中国人民保险公司南京分公司
the People's Insurance Company of China Nanjing Branch
（保险公司负责人签名、保险公司盖保单专用章）

赔款偿付地点
CLAIM PAYABLE AT CANADA

出单日期
ISSUING DATE MAR. 16，2015　　制单：H2　　复核：D2

Authorized signature

地址（ADD）：中国南京太平南路 393 号
邮编（POST CODE）：210002

电话（TEL）：(025) 45022448
传真（FAX）：(025) 45022448

附件 19

Shipper（发货人） TANG TEXTILE GARMENT CO.，LTD	D/R NO.（编号） SKG458056 （实际托运人章）
Consignee（收货人） TO ORDER OF SHIPPER	**装货单** 场站收据 第五联
Notify Party（通知人） SAME AS CONSIGNEE	Received by the Carrier the total number of containers of other packages or units stated below to be transported subject to the terms and conditions of the Carrier's regular form of Bill of Lading (for combined Transport or Port to Port Shipment) which shall be deemed to be incorporated herein. **Date**（日期）：
Pre-carriage by（前段运输）　Place of Receipt（收货地点）	
Ocean Vessel（船名）Voy. No.（航次） HUA CHANG V. 09981 Port of Loading（装货港） SHANGHAI	（场站章）

Port of Discharge（卸货港）	Place of Delivery（交货地点）	Final Destination for the Merchant's Reference（目的地）
MONTREAL		

Container No.（集装箱号）	Seal No.（封志号）Marks & Nos.（标记与号码）	No. of containers or pkgs.（箱数或件数）	Kind of Package; Description of Goods（包装种类与货名）	Gross Weight 毛重（千克）	Measurement 尺码（立方米）
MSKU2612114/1681316 20′	FASHION FORCE F01LCB05127 CTN NO. 1 - 201 MONTREAL MADE IN CHINA	201 PKGS	LADIES COTTON BLAZER (100% COTTON，40SX20/140X60)	3 015.000 KGS	17.51 M³

ON BOARD
MAR. 20，2015

CY - CY

TOTAL NUMBER OF CONTAINERS OR PACKAGES (IN WORDS) 集装箱数或件数合计（大写）	SAY TWO HUANDRED AND ONE PKGS ONLY

Container No.（箱号）	Seal No.（封志号）	Pkgs.（件数）	Container No.（箱号）	Seal No.（封志号）	Pkgs.（件数）

FREIGHT PREPAID
SHANGHAI　MAR. 20，2015

Received（实收）	By terminal clerk（场站员签字）
1×20′GP FCL	

FREIGHT & CHARGES	Prepaid at（预付地点）	Payable at（到付地点）	Place of Issue（签发地点）
	Total Prepaid（预付总额）	No. of Original B(s)/L（正本提单份数）	BOOKING（订舱确认） APPROVED BY

Service Type on Receiving	Service Type on Delivery	Reefer Temperature Required（冷藏温度）	℉	℃
□- CY　□- CFS　□- DOOR	□- CY　□- CFS　□- DOOR			

TYPE OF GOODS（种类）					危险品	
	□ Ordinary.（普通）	□ Reefer.（冷藏）	□ Dangerous.（危险）	□ Auto.（集装车辆）		Class: Property: IMDG Code Page: UN No.:
	□ Liquid.（液体）	□ Live Animal.（活动物）	□ Bulk.（散货）	□ ______		

备注（REMARKS）：

（海关章）

附件 20

Shipper（发货人） TANG TEXTILE GARMENT CO.，LTD	D/R NO.（编号） SKG458056 （实际托运人章）
Consignee（收货人） TO ORDER OF SHIPPER	场站收据副本 大副联 COPY OF DOCK RECEIPT (FOR CHIEF OFFICER) 第六联
Notify Party（通知人） SAME AS CONSIGNEE	
Pre-carriage by（前段运输） Place of Receipt（收货地点）	Received by the Carrier the total number of containers of other packages or units stated below to be transported subject to the terms and conditions of the Carrier's regular form of Bill of Lading (for combined Transport or Port to Port Shipment) which shall be deemed to be incorporated herein. **Date**（日期）：
Ocean Vessel（船名） Voy. No.（航次） HUA CHANG V. 09981 Port of Loading（装货港） SHANGHAI	（场站章）

Port of Discharge（卸货港）	Place of Delivery（交货地点）	Final Destination for the Merchant's Reference（目的地）
MONTREAL		

Container No.（集装箱号）	Seal No.（封志号） Marks & Nos.（标记与号码）	No. of containers or pkgs.（箱数或件数）	Kind of Package; Description of Goods（包装种类与货名）	Gross Weight 毛重（千克）	Measurement 尺码（立方米）
	FASHION FORCE F01LCB05127 CTN NO. 1-201 MONTREAL MADE IN CHINA	201 PKGS	LADIES COTTON BLAZER (100% COTTON，40SX20/140X60)	3 015.000 KGS	17.51 M^3
MSKU2612114/1681316 20′					

ON BOARD
MAR. 20，2015

CY-CY

TOTAL NUMBER OF CONTAINERS OR PACKAGES (IN WORDS) 集装箱数或件数合计（大写）	SAY TWO HUANDRED AND ONE PKGS ONLY

Container No.（箱号）	Seal No.（封志号）	Pkgs.（件数）	Container No.（箱号）	Seal No.（封志号）	Pkgs.（件数）
FREIGHT PREPAID SHANGHAI MAR. 20，2015					

Received（实收）	By terminal clerk（场站员签字）
1×20′GP FCL	

FREIGHT & CHARGES	Prepaid at（预付地点）	Payable at（到付地点）	Place of Issue（签发地点）
	Total Prepaid（预付总额）	No. of Original B(s)/L（正本提单份数）	BOOKING（订舱确认） APPROVED BY

Service Type on Receiving	Service Type on Delivery	Reefer Temperature Required（冷藏温度）	℉	℃
□-CY □-CFS □-DOOR	□-CY □-CFS □-DOOR			

TYPE OF GOODS（种类）					危险品	
	□ Ordinary.（普通）	□ Reefer.（冷藏）	□ Dangerous.（危险）	□ Auto.（集装车辆）		Class: Property: IMDG Code Page: UN No.:
	□ Liquid.（液体）	□ Live Animal.（活动物）	□ Bulk.（散货）	□ ______		

备注（REMARKS）：	（海关章）

附件 21

1. Shipper (Insert Name, Address and Phone) TANG TEXTILE GARMENT CO., LTD HUARONG MANSION RM2901 NO. 85 GUANJIAQIAO, NANJING 210005, CHINA	B/L No. COS6314203208 中远集装箱运输有限公司 COSCO CONTAINER LINES TLX: 33057 COSCO CN FAX: +86 (021) 65458984
2. Consignee (Insert Name, Address and Phone) TO THE ORDER OF BNP PARIBAS (CANADA)	**ORIGINAL** Port-to-Port or Combined Transport **BILL OF LADING**
3. Notify Party (Insert Name, Address and Phone) (It is agreed that no responsibility shall attach to the Carrier or his agents for failure to notify) FASHION FORCE CO., LTD P. O. BOX 8935 NEW TERMINAL, ALTA, VISTA OTTAWA, CANADA	RECEIVED in external apparent good order and condition except as other-wise noted. The total number of packages or unites stuffed in the container, the description of the goods and the weights shown in this Bill of Lading are furnished by the Merchants, and which the carrier has no reasonable means of checking and is not a part of this Bill of Lading contract. The carrier has issued the number of Bills of Lading stated below, all of this tenor and date, one of the originalBills of Lading must be surrendered and endorsed or signed against the delivery of the shipment any whereupon any other original Bills of Lading shall be void. The Merchants agree to be bound by the terms and conditions of this Bill of Lading as if each had personally signed this Bill of Lading. SEE clause 4 on the back of this Bill of Lading (Terms continued on the back hereof, please read carefully). * Applicable Only When Document Used as a Combined Transport Bill of Lading.

4. Combined Transport* Pre-carriage by	5. Combined Transport* Place of Receipt
6. Ocean Vessel Voy. No. HUA CHANG V. 09981	7. Port of Loading SHANGHAI
8. Port of Discharge MONTREAL	9. Combined Transport* Place of Delivery MONTREAL

Marks & Nos. Container/Seal No.	No. of Containers or Packages	Description of Goods (If Dangerous Goods, See Clause 20)	Gross Weight Kgs.	Measurement
FASHION FORCE F01LCB05127 CTN NO. 1-201 MONTREAL MADE IN CHINA MSKU2612114/ 1681316 20′	CARTONS	SHIPPER'S LOAD & COUNT & SEAL SAID TO CONTAINER ONLY SALES CONDITIONS: CIF MONTREAL/CANADA SALES CONTRACT NO.: F01LCB05127 LADIES COTTON BLAZER (100% COTTON, 40SX20/140X60) STYLE NO. PO NO. QTY/PCS USD/PC 46-301A 10337 2 550 12.80 1×20′GP FCL CY-CY CLEAN ON BOARD FREIGHT PREPAID	3 015.00KGS	17.51M³
		Description of Contents for Shipper's Use Only (Not Part of This B/L Contract)		

10. Total Number of containers and/or packages (in words) SAY TWO HUNDRED AND ONE CARTONS ONLY
Subject to Clause 7 Limitation

11. Freight & Charges	Revenue Tons	Rate	Per	Prepaid	Collect
Declared Value Charge					

Ex. Rate:	Prepaid at	Payable at	Place and date of issue SHANGHAI PORT MAR. 20, 2015
	Total Prepaid	No. of Original B(s)/L THREE	Signed for the Carrier COSCO CONTAINER LINES

LADEN ON BOARD THE VESSEL
DATE MAR. 19, 2015 BY (货运代理公司签字盖章)

附件 22

唐朝纺织服装有限公司

TANG TEXTILE GARMENT CO., LTD

HUARONG MANSION RM2901 NO. 85 GUANJIAQIAO, NANJING 210005, CHINA

TEL: 0086-25-47150045 FAX: 0086-25-47113635

SHIPPING ADVICE

DEAR SIR,

MAR. 20, 2015

WE ARE PLEASED TO INFORM YOUR ESTEEMED COMPANY THAT THE FOLLOWING MENTIONED GOODS WILL BE SHIPPED OUT ON MARCH 20, FULL DETAILS WERE SHOWN AS FOLLOWS:

1. INVOICE: NT001FF004
2. BILL OF LADING NUMBER: COS6314203208
3. OCEAN VESSEL: HUA CHANG V. 09981
4. PORT OF LOADING: SHANGHAI PORT
5. DATE OF SHIPMENT: MAR. 20, 2015
6. PORT OF DESTINATION: MONTREAL
7. ESTIMATED DATE OF ARRIVAL: APR. 25, 2015
8. DESCRIPTION OF PACKAGES AND GOODS:

   SALES CONDITIONS: CIF MONTREAL/CANADA

   SALES CONTRACT NO.: F01LCB05127

   LADIES COTTON BLAZER (100% COTTON, 40SX20/140X60)

STYLE NO.	PO NO.	QTY/PCS	USD/PC
46-301A	10337	2 550	12.80

9. MARKS AND NUMBER ON B/L

   FASHION FORCE

   F01LCB05127

   CTN NO. 1 - 201

   MONTREAL

   MADE IN CHINA
10. CONTAINER/SEAL NUMBER: MSKU2612114/1681316
11. L/C NUMBER: 63211020049

WE WILL FAX THE ORIGINAL BILL OF LADING TO YOUR COMPANY UPON RECEIPT OF IT FROM SHIPPING COMPANY.

BEST REGARDS

TANG TEXTILE GARMENT CO., LTD

(出口商签字和盖单据章)

附件 23

唐朝纺织服装有限公司
TANG TEXTILE GARMENT CO.，LTD

HUARONG MANSION RM2901 NO. 85 GUANJIAQIAO，NANJING 210005，CHINA
TEL：0086-25-47150045 FAX：0086-25-47113635

CERTIFICATE

To: FASHION FORCE CO.，LTD
P. O. BOX 8935 NEW TERMINAL，ALTA，
VISTA OTTAWA，CANADA

Invoice No.: NT01FF004
Date: Mar. 20，2015

WE CERTIFY HEREBY THAT ORIGINAL CERTIFICATE OF ORIGIN FORM A ORIGINAL EXPORT LICENCE，COPY OF COMMERCIAL INVOICE，DETAILED PACKING LISTS AND A COPY OF BILL OF LADING WERE SENT DIRECT TO APPLICANT BY COURIER WITHIN 5 DAYS AFTER SHIPMENT. THE RELATIVE COURIER RECEIPT IS ALSO REQUIRED FOR PRESENTATION.

（出口商签字和盖单据章）

附件 24

国际货物运输代理业专用发票
INTERNATIONAL FREIGHT FORWARDING SPECIAL INVOICE

№ 0165421

上海凯通
SHANGHAI KTONE
国际货运代理有限公司
INTERNATIONAL TRANSPORTATION CO.，LTD

发票联
INVOICE

开户银行名称：中国银行上海分行
账　　号：4030318201140121
BANK ACCOUNT：

付款单位
PAYER 唐朝纺织服装有限公司

开票日期
DATE ISSUED 2015－03－21

船名/航次/航班/车次
VESSEL/VOY. /FRT/TRAIN NO. HUA CHANG V. 09981

提（运）单号
B/L NO. COS6314203208

开航日期
DATE SAILED 2015－03－20

起运港
LOAD. PORT SHANGHAI，CHINA

卸货港
DIS. PORT MONTREAL，CANADA

目的港
DESTINATION

收费内容（货物名称，数量，单价） PARTICULARS（DESCRIPTION，QUANTITY，UNIT PRICE）			金额 AMOUNT	备注 REMARKS
GZ2001030025 GW-0087876	FCL 海洋运费：1×20′		1 000. 00	企业代码： F0036
金额合计（大写） TOTAL IN CAPITAL	美元 USD 壹仟元整	合计 LUMP SUM	USD1 000. 00	

第二联 付款方记账

企业签章
BUSINESS SEAL
（上海凯通盖发票专用章）

工商登记号 130528080
BUSINESS REGISTER NO.
税务登记号 310044132283209
TAX REGISTER NO.

复　核
CHECKED BY
（手开无效）
HAND WRITING NULL AND VOID.

制　单
ISSUED BY

附件 25

国际货物运输代理业专用发票
INTERNATIONAL FREIGHT FORWARDING SPECIAL INVOICE

№ 0165422

发票联
INVOICE

上海凯通
SHANGHAI KTONE
国际货运代理有限公司
INTERNATIONAL TRANSPORTATION CO.，LTD

开户银行名称：中国银行上海分行
账　　号：62105138201540326
BANK ACCOUNT：

付款单位
PAYER 唐朝纺织服装有限公司

开票日期
DATE ISSUED 2015－03－21

船名/航次/航班/车次
VESSEL/VOY/FRT/TRAIN NO. HUA CHANG　V. 09981

提（运）单号
B/L NO. COS6314203208

开航日期
DATE SAILED 2015－03－20

起运港
LOAD. PORT　SHANGHAI，CHINA

卸货港
DIS. PORT　MONTREAL，CANADA

目的港
DESTINATION

收费内容（货物名称，数量，单价） PARTICULARS（DESCRIPTION，QUANTITY，UNIT PRICE）			金额 AMOUNT	备注 REMARKS
GZ2001030025	上海港 THC： 报关费： 单证费： 换检费： 1×20′　17.51CBM		370.00 125.00 115.00 113.00	企业代码： F0036 GW-0087916
金额合计（大写） TOTAL IN CAPITAL	人民币柒佰贰拾叁元整	合计 LUMP SUM	CNY723.00	

第二联　付款方记账

企业签章
BUSINESS SEAL
（上海凯通盖发票专用章）

工商登记号 130528080
BUSINESS REGISTER NO.
税务登记号 310044132283209
TAX REGISTER NO.

复　核
CHECKED BY
（手开无效）
HAND WRITING NULL AND VOID.

制　单
ISSUED BY

附件 26

320011239

江苏增值税专用发票

抵扣联

№ 05394108

开票日期：2015 年 3 月 23 日

购买方	名　　称：唐朝纺织服装有限公司 纳税人识别号：320102134773852 地 址 、电 话：南京市管家桥 85 号 021－47150045 开户行及账号：中国银行江苏分行 295827581	密码区	2＊/＋〉11－243283512＋07/01 084/85－171〉＋〈/＊－54/＊＋ 〈〈＊55289163－7〈＊51＊822 576/2〉〉〉〉080653＋〉〉〉41	加密版本： 320001 123905 394108

货物或应税劳务、服务名称	规格型号	单位	数量	单价	金额	税率	税额
女式全棉运动上衣	100%棉，40SX20/140X60	件	2 550	900	190 485.00	17%	39 015.00
合　　计					￥190 485.00		￥39 015.00
价税合计（大写）	贰拾贰万玖仟伍佰元整				（小写）￥229 500.00		

销售方	名　　称：季节制衣有限公司 纳税人识别号：330202134772622 地 址 、电 话：无锡市中山路 162 号 0510-27281935 开户行及账号：中国建设银行无锡分行 3258324283	备注	（销货单位盖发票专用章）

第二联：抵扣联　购买方扣税凭证

收款人：　　复核：　　开票人：李俊　　销售方：（章）

附件 27

中华人民共和国
税收（出口货物专用）缴款书

国

(020011) 2278322 号

注册类型：私营有限责任公司　　填发日期：2015 年 3 月 23 日　　征收机关：无锡管理股（一）

无银行收讫章无效

<table>
<tr><td rowspan="4">缴款单位</td><td>税务登记号</td><td colspan="3">330202134772622</td><td rowspan="3">预算科目</td><td>编码</td><td colspan="2">010106</td></tr>
<tr><td>全　　称</td><td colspan="3">季节制衣有限公司</td><td>名称</td><td colspan="2">私营企业增值税</td></tr>
<tr><td>开户银行</td><td colspan="3">中国建设银行无锡分行</td><td>级次</td><td colspan="2">中央 75%地市 25%</td></tr>
<tr><td>账　　号</td><td colspan="3">3258324283</td><td colspan="2">收款国库</td><td colspan="2">无锡市支库</td></tr>
<tr><td rowspan="3">购货企业</td><td>全　　称</td><td colspan="3">唐朝纺织服装有限公司</td><td colspan="2" rowspan="3">销货发票号码</td><td colspan="2" rowspan="3">03574834</td></tr>
<tr><td>税务登记号</td><td colspan="3">320102134773852</td></tr>
<tr><td>海关代码</td><td colspan="3">3201003656</td></tr>
<tr><td colspan="2">税款所属时期</td><td colspan="3">2015 年 3 月至 2015 年 3 月</td><td colspan="2">税款限缴日期</td><td colspan="2">2015 年 3 月 23 日</td></tr>
<tr><td colspan="2">货物名称</td><td>课税数量</td><td>单位价格</td><td>计税金额</td><td colspan="2">法定税率（额）</td><td>征收率</td><td>实缴税额</td></tr>
<tr><td colspan="2">女式全棉运动上衣</td><td>2 550 件</td><td>90.00</td><td>229 500.00</td><td colspan="2">17%</td><td>6.8%</td><td>￥15 606.00</td></tr>
<tr><td colspan="2">金额合计</td><td colspan="6">（大写）人民币壹万伍仟陆佰零陆元整</td><td>￥15 606.00</td></tr>
<tr><td colspan="2">缴款单位
（盖章）
（财务专用章）
经办人（章）</td><td colspan="2">税务机关
（盖章）
（征税专用章）
填票人（章）</td><td colspan="4">上列款项已收妥并划转收款单位账户

（银行盖“转讫”章）
国库（银行）盖章　　年　月　日</td><td>备注：
00112278322</td></tr>
</table>

第二联（收据乙）国库（银行）收款盖章后退缴款单位转交购货企业

逾期不缴按税法规定加收滞纳金

附件 28

认证结果通知书

唐朝纺织服装有限公司：

你单位于 2015 年 4 月报送的防伪税控系统开具的专用发票抵扣联共 8 份，税额￥137 015.82 元，经过认证相符的专用发票 8 份，税额￥137 015.82 元。现将认证相符的专用发票抵扣联退还你单位，请查收。

请将认证相符专用发票抵扣联与本通知书一起装订成册，作为纳税检查的备查资料。

认证详细情况请见通知所附清单。

南京市国家税务局玄武分局（盖章）

2015 年 4 月 25 日

本通知书一式两联，第一联税务机关留存，第二联送达企业。

附件 29

外贸企业出口货物退税汇总申报审批表

所属期：2015 年 4 月

企业名称：唐朝纺织服装有限公司
海关代码：3201004261
纳税人登记号：320102134773852

出口企业申报情况	外经贸稽核意见	税务机关审核审批意见		
		申报接单意见	人工审核意见	计算机审核意见
出口凭证装订册 1 册	册	册	本月申报退税额 元	本期应退增值税 元
附：出口凭证 15 份	份	份	其中：增值税 元	其中：新申报退税 元
进货凭证装订册 1 册	册	册	消费税 元	已审核退税 元
附：进货凭证 12 份	份	份	其他：	抵扣：进料加工 元
出口明细申报表 — 份	份	份		其他抵扣 元
进货明细申报表 — 份	份	份		本期实际应退增值税 元
总进项金额 ￥343 889.05 元	元	元		本期应退消费税 元
总进项税额 ￥58 461.14 元	元	元		其他： 元
其中：增值税 ￥58 461.14 元	元	元		
消费税 — 元	元	元		
本期申报退税额 ￥56 329.58 元	元	元		经办人：
其中：增值税 ￥56 329.58 元	元	元		年 月 日
消费税 — 元	元	元		复核人：
申报日期：2015 年 4 月 26 日	稽核日期： 年 月 日	接单日期 年 月 日		年 月 日
办税员：	稽核人： （稽核章）	接单人：		领导审批意见
授权申明	申报人申明	接单中发现的问题：		
（如果你已委托代理人，请填写下列资料） 为代理一切退税事宜，现授权________为本纳税人的代理申报人，任何与本申报表有关的往来文件都可寄予此人。	此出口货物退税汇总申报审批表申报栏目是根据《出口货物退（免）税管理办法》及有关规定填报的，我确信它是真实的、可靠的、完整的。		经办人： 年 月 日 复核人： 年 月 日	审批人： 年 月 日
授权人签字：	申明人签字：			

会计主管签字：　　　　代理申报人签字：　　　　出口企业：（盖章）

学习情境三

进口业务核算

【职业能力目标】

1. 能理解贸易术语，熟悉进口流程。
2. 能收集进口环节中与会计核算相关的所有进口业务单据。
3. 能辨识进口核算涉及的原始凭证，并对其进行审核。
4. 能根据审核无误的原始凭证制作记账凭证。
5. 掌握购汇、核销等具体实务的操作步骤。

模块一
进口业务认知

情境引例

一、签订合同

2016 年 3 月 1 日，南京德尚（DESUN）贸易有限公司向日本 EAST 公司进口三菱空调附件。3 月 15 日，DESUN 公司和 EAST 公司签订订购合同（见附件 1）。

二、申领许可证

3 月 19 日，DESUN 公司持自动进口许可证申请表、订购合同到南京市外经贸局申领进口许可证。3 月 20 日，南京市外经贸局签发进口许可证（见附件 2）。

三、开立信用证

3 月 21 日，DESUN 公司持订购合同、开证申请书（见附件 3、附件 4）、购汇/用汇申请书（见附件 5）、进口许可证，向中国银行江苏分行申请开立信用证。

3 月 22 日，中国银行江苏分行提供信用证副本给 DESUN 公司审证。DESUN 公司审证确认后，中国银行江苏分行将信用证电开至 EAST 公司指定的银行。

其中与缮制单据有关的条款如下：

开证行：中国银行江苏分行

通知行：SUMITOMO MITSUI BANKING CORPORATION
1-2，YURAKUCHO 1-CHOME，CHIYODA-KU，TOKYO 100，JAPAN

不可撤销信用证号：LC340149

信用证有效期：2016 年 4 月 15 日

申请人：NANJING DESUN TRADING CO.，LTD
HUARONG MANSION RM2901 NO. 85 GUANJIAQIAO，NANJING
210005，CHINA

受益人：EAST AGENT COMPANY

5-8-21，MINANI-AZABU，MINATO-KU，TOKYO，JAPAN

信用证金额：JPY1 728 600.00

分批装运及转船运输：不允许分批装运及转船运输，从日本名古屋运至中国南京

最后转船期：2016年3月31日

商品描述：MITSUBISHI DAIYA PACKAGED AIR CODITIONER（INDOOR UNIT）PARTS

议付单据要求：

(1) 商业发票6份，每份标明信用证号和合同号。

(2) 3/3全套正本已装船的清洁海运提单，1份复印件，空白抬头人，显示运费预付，通知人为开证人。

(3) 装箱单/重量单3份，显示毛重、净重数量。

(4) 受益人证明装船出港后2天内，将装船通知用电传或传真的方式通知开证人，要求装船通知显示货物名称、船名、日期、数量、重量、货值。

四、租船订舱

3月22日，DESUN公司向南京外代确认船期及运费。确认后，南京外代传真工作联系单给DESUN公司回签。随后，南京外代开具海运发票（见附件6），DESUN公司支付海运费。

3月27日，装船出运后，DESUN公司收到EAST公司的装船通知（见附件7）。

五、办理保险

3月27日，收到EAST公司的装船通知后，DESUN公司凭以填写进口运输预约保险投保单（见附件8），到中国人民保险公司办理保险事宜。

六、银行审单付款

4月1日，中国银行江苏分行收到EAST公司的全套议付单证［海运提单（见附件9）、商业发票（见附件10）、装箱单/重量单（见附件11）、装箱单附页（见附件12）、原产地证明（见附件13）、质量/重量证明（见附件14）、无木质包装申明（见附件15）、装船通知］后，书面通知（见附件16）DESUN公司领取全套单据。DESUN公司在审单后，未发现不符点，在承付/拒付通知书（见附件17）上签名盖章。

七、委托报检报关

3月31日，DESUN公司收到船公司（中国外运江苏公司）的到货通知书（见附件18）。

4月1日，DESUN公司在海运提单正本背面加盖公司公章，并将其他议付单据（商业发票、装箱单/重量单、装箱单附页、原产地证明、质量/重量证明、无木质包装申明、装船通知）和海运提单复印件、订购合同、进出口货物代理报关委托书（见附件19）、进口许可证、报检委托书（见附件20）送交南京外代，委托南京外代办理

进口报检、报关手续。

八、换提货单

4 月 2 日，南京外代凭带背书的海运提单正本和船公司结清运费及杂费，换取船公司签发的提货单。提货单共有五联，除了到货通知书，还有提货单正联（见附件 21）、费用账单（一）（见附件 22）、费用账单（二）、交货记录（见附件 23）。

九、进口报检

4 月 3 日上午，南京外代的报检人员持提货单、报关委托书、入境货物报检单（见附件 24）、无木质包装申明、订购合同、进口许可证、商业发票、装箱单/重量单、装箱单附页、海运提单复印件等到商检机构办理报检手续。按规定缴纳检验费后，商检机构在提货单上加盖商检通关章。

十、进口报关

4 月 3 日，南京外代的报关人员上网录入报关单信息，提交通过后，进行网上申报，然后等待执行。

4 月 3 日下午，收到回执，报关人员打印进口货物报关单（见附件 25），随附报关委托书、商业发票、装箱单/重量单、装箱单附页、订购合同、进口许可证、海运提单复印件、商检机构已盖章的提货单、运输发票等单证，交到海关的工作柜台进行人工审单。海关审核单据无误，出具税单（海关进口关税专用缴款书、海关代征增值税专用缴款书）。

4 月 4 日，在缴款缴清后，海关经检查，在提货单上盖放行章，并签发放行条。

4 月 9 日，海关退回盖有海关验讫章的进口报关单。

十一、提货拨交

4 月 9 日，南京外代持盖章放行的提货单共五联到南京国际集装箱装卸有限公司（NICC）办理申请提货作业计划，NICC 核对提货单及有关放行章后，将提货单、费用账单留下作为放货依据，结算和收取费用，并在交货记录联上盖章，以示确认手续完备，受理提货作业申请，安排提货作业计划。

4 月 10 日，南京外代持 NICC 已盖章的交货记录联到仓库提取货物。提货完毕，在交货记录联签名以示确认提取的货物无误。交货记录联上的货物全部提取完后，NICC 收回交货记录（场站联），将交货记录（货代联）退给南京外代。

NICC 凭收回的交货记录联核算费用，填制费用账单一式两联，结算费用，并将费用账单（一）留存，将费用账单（二）作为向收货人收取费用的凭证，并将提货单及交货记录（场站联）留存归档备查。

南京外代提取货物后，直接运至 DESUN 公司指定的仓库。

十二、财务结算

4 月 10 日，南京外代传真费用清单（见附件 26）给 DESUN 公司，DESUN 公司财务核对无误后，和南京外代结算费用。

任务下达

【任务 1】分析以上业务过程，查阅相关资料，画出进口流程图。

【任务 2】根据“情境引例”，指出在进口流程中会计在各个环节应尽的职责。

【任务3】找出下列各单据的出处，并指出其中哪些是财务人员的有效凭证。

类　型	单位名称	来　源	与会计相关
进口单据	不可撤销信用证开证申请书		
	信用证		
	信用证修改申请书		
	信用证修改书		
	境外汇款申请书		
	提货单		
	提货通知单		
	出险通知书		
	索赔申请书		
	入境货物报检单		
	入境货物报关单		
	进口货物报关单		
	进口增值税缴款书		
	进口关税缴款书		
	进口报关单（付汇证明联）		

说明：并非每笔业务都会用到所有单据，需视交易方式而定。

背景知识

进口贸易是涉外企业的基本业务之一。进口贸易与出口贸易是相辅相成、相互制约的。只有通过进口贸易业务进行商品交换，才能满足国内企业生产和人民生活的需要。同时，通过引进先进技术，进口先进的生产设备和国内紧缺的原材料和燃料，可以提升我国的科技水平、生产能力和国际竞争力，促进我国出口贸易业务的增长，扩大我国与世界各国的经济交往，以达到互通有无、共同发展的目的。

一、进口贸易业务的种类

进口贸易业务按贸易方式不同，可分为国家调拨进口业务、自营进口业务、代理进口业务和易货贸易业务等。

（一）国家调拨进口业务

国家调拨进口业务是指企业依照国家进口计划，使用国家外汇组织进口商品物资，按国家统一调拨价销售给用货单位，盈亏由国家担负的进口业务。其实质是进口企业代理国家进口。

（二）自营进口业务

自营进口业务是指进口企业用自有外汇或向银行购汇，进口境外商品和物资，销售给国内用户的进口业务。其实质是企业自己经营进口贸易并自负盈亏。

（三）代理进口业务

代理进口业务是指有进出口经营资格的进口企业代理国内委托单位与外商签订进口贸易合同，并负责对外履行合同的业务。对该项业务，代理企业收取一定比例的手续费。

（四）易货贸易业务

易货贸易业务是指贸易双方将进口与出口结合起来，在进出平衡的前提下组织以货换货并自负盈亏的业务。

二、进口贸易业务的单证

（一）进口贸易单证的种类

按单证在结算中的重要性，进口贸易单证可分为两大类：

（1）基本单证：包括商业发票、运输单和保险单等。

（2）附属单证：包括装箱单、重量单和检验证书等。

（二）进口贸易单证的审核

根据国际结算的有关规定，银行履行付款责任的依据是进口贸易单证而不是相关的货物，因此，进口贸易单证不仅是履行进口合同的重要手段，而且是结算货款的重要依据，在发生贸易纠纷时还是处理事端的司法依据。加强进口贸易单证的审核工作是进口业务的重要一环。

（1）商业发票的审核。商业发票简称发票，在货物发出时，是出口方开立向进口方索取货款的价目清单，是商业交易的详细叙述，是进口贸易中的基本单证。因此，应重点审核以下内容：①发票是否由信用证的受益人出具；②买方名称与信用证上付款人是否一致；③货物的数量和发票的总金额是否超出信用证规定的范围；④单价是否按信用证规定的幅度开列；⑤是否有受益人的签字；⑥如为分批装运，是否符合信用证的规定等。

（2）海运提单的审核。

（3）检验证书的审核。

（4）装箱单的审核。

（三）进口贸易单证的处理

进口贸易单证一般包括四套正本单证，其中提供报关一套、对外付款一套、对内结算一套、留底一套。每套单证包含一份发票、一份提单、一份装箱单和一份检验证书。

业务部门根据合同或信用证进行审单，发现有不符合的地方，应该立即通知财务部门，并将单证交回，写明详细拒付理由与全套单证一并退回银行，银行向国外议付行提出拒付。拒付期间，全套单证由开证行持有，直到接到国外议付行补充更正单证，开证行再将原单证及更正单证送交进口公司。

业务部门审单，如为单证相符、单单相符，同意对外付款，则填写“进口审单明细目录”，注明商品名称、结算号、运保费及公司手续费的收取比例等项内容，附上一套正本单证送财务部门据以付款。业务部门最后应至少保存一套正本单证，以便将来进口货物到港，公司检验发现问题时，凭正本单证向出口方提出索赔。

财会部门接到业务部门以上单证后，通知开证行对外付款，并办理对内结算，通过银行向用户托收货款，对照发票等进行会计处理。用户接到托收凭证后，经审核无误承付托收款，并凭单证到港口提货。另一套单证将交给运输部门办理报关手续。

模块二
进口业务会计核算——自营进口

情境引例

1-1

中国银行 BANK OF CHINA

DEBIT ADVICE
借记通知

TO:
致：HUATAI INTERNATIONAL TRADE CO.，LTD

DATE（日期）：
2016-10-01

L/C NO.：
信用证号：01112ML20167542

DRAFT AMT.：
单据金额：USD140 000.00

AB NO.：
银行流水号：

CONTRACT NO.：
合同号：

WITH REFERENCE TO THE CAPTIONED ITEMS，PLEASE BE ADVISED THAT WE HAVE TODAY DEBITED YOUR ACCOUNT NO. 1207021209200060719 WITH THE FOLLOWING AMOUNT PAYMENT UNDER THE L/C ABOVE MENTIONED.
我行已于今日将上述业务之下列金额借记你公司 1207021209200060719 账户。

DEDUCT AMT.：
付款金额：USD140 000.00

BUYING RATE：6.220　SELLING RATE：6.240　REALING RATE：6.230

BANK OF CHINA TAIZHOU BRANCH
中国银行台州分行

（印章：中国银行台州分行 2016-10 业务讫 5）

2-1

中国银行（台州分行）收费回单

交易流水：11011321330008　　2016 年 10 月 2 日

付款人账号	1207021209200060719	付款人名称	台州市华泰国际贸易有限公司
收费种类	币种	交易金额	收费金额
开证手续费	人民币		600.00
合计金额	600.00		

（印章：中国银行台州分行 2016-10）

3－1

国际海运业运输专用发票
SPECIAL INVOICE FOR INTERNATIONAL SHIPPING

（印章：国统一发票监制 地方税务局监制）

发票代码 3700000××××
发票号码 370××××

发票联
INVOICE

付款单位 PAYER 台州市华泰国际贸易有限公司　开票日期 DATE ISSUED 2016－10－09　开户银行 BANK 中国银行台州分行

船名/航次 VESSEL/VOY. YINHE PRINCESS　到（离）港日期 DATE ARRIVAL（SAILED）2016－10－07

账号 BANK ACCOUNT 120702120920006071 9

起运地 ORIGIN CALLAO　装船港 LOAD. PORT CALLAO　卸船港 DIS. PORT TAIZHOU　目的港 DESTINATION TAIZHOU

提单号 B/L NO.	费用明细 DETAIL'S OF CHARGE	数量 QUANTITY	费率 RATE	金额 AMOUNT CHARGED	备注 REMARKS
	运费	40 000 千克		USD350.00	
金额合计（大写） TOTAL IN CAPITAL 美元叁佰伍拾元整				合计 LUMP SUM USD350.00	

第二联 发票联

（印章：台州市速达物流公司 332601000003839 发票专用章）

企业签章 BUSINESS SEAL　营业执照号 BUSINESS LICENSE NO.　经手人 ISSUED BY　复核 CHECKD BY

地址 ADDRESS　税务登记号 TAX REGISTRY NO.　（手开无效） NOT VALID IF IN HAND WRITTEN

电话 TEL.

3－2

中国银行 BANK OF CHINA

外汇支款凭证
①

签发日期：2016－10－07

<table>
<tr><td rowspan="3">付款单位</td><td>全　称</td><td colspan="2">台州市华泰国际贸易有限公司</td><td rowspan="3">收款单位</td><td>全　称</td><td colspan="10">台州市速达物流公司</td></tr>
<tr><td>账　号</td><td colspan="2">120702120920006071 9</td><td>账　号</td><td colspan="10">12070111192018881</td></tr>
<tr><td>开户银行</td><td colspan="2">中国银行台州分行</td><td>开户银行</td><td colspan="10">中国银行台州分行</td></tr>
<tr><td colspan="6">支款货币及金额</td><td>千</td><td>百</td><td>十</td><td>万</td><td>千</td><td>百</td><td>十</td><td>元</td><td>角</td><td>分</td></tr>
<tr><td colspan="6">USD350.00</td><td></td><td></td><td></td><td></td><td>$</td><td>3</td><td>5</td><td>0</td><td>0</td><td>0</td></tr>
<tr><td rowspan="2">牌价</td><td rowspan="2">6.280</td><td colspan="4">购汇（或结汇）货币及金额</td><td>千</td><td>百</td><td>十</td><td>万</td><td>千</td><td>百</td><td>十</td><td>元</td><td>角</td><td>分</td></tr>
<tr><td colspan="4"></td><td></td><td></td><td></td><td></td><td></td><td></td><td></td><td></td><td></td><td></td></tr>
<tr><td>附言</td><td colspan="5">运费</td><td colspan="10">借方科目
贷方科目</td></tr>
<tr><td colspan="16">银行信息</td></tr>
</table>

（印章：中国银行台州分行 2016-10 核算用章）

审核印鉴：　复核：　经办：　（单位预留印鉴）

3-3

DEBIT ADVICE
借记通知

中国银行 BANK OF CHINA

TO：
致：HUATAI INTERNATIONAL TRADE CO.，LTD

DATE（日期）：
2016-10-07

L/C NO.：
信用证号：01112ML20167542
AB NO.：
银行流水号：

DRAFT AMT.：
单据金额：USD350.00
CONTRACT NO.：
合同号：

WITH REFERENCE TO THE CAPTIONED ITEMS，PLEASE BE ADVISED THAT WE HAVE TODAY DEBITED YOUR ACCOUNT NO. 1207021209200060719 WITH THE FOLLOWING AMOUNT PAYMENT UNDER THE L/C ABOVE MENTIONED.
我行已于今日将上述业务之下列金额借记你公司 1207021209200060719 账户。

中国银行台州分行 2016-10 业务讫 5

DEDUCT AMT.：
付款金额：USD350.00

BUYING RATE：6.270　SELLING RATE：6.290　REALING RATE：6.280

BANK OF CHINA TAIZHOU BRANCH
中国银行台州分行

4-1

中国银行 BANK OF CHINA

外汇支款凭证

①

签发日期：2016-10-07

付款单位	全　称	台州市华泰国际贸易有限公司	收款单位	全　称	中华联合财产保险公司								
	账　号	1207021209200060719		账　号	1207148850125452201								
	开户银行	中国银行台州分行		开户银行	中国银行台州分行								
支款货币及金额					千	百	十	万	千	百	十	元	角	分
USD500.00									$	5	0	0	0	0
牌价	6.280	购汇（或结汇）货币及金额			千	百	十	万	千	百	十	元	角	分
附言	保险费				借方科目______ 贷方科目______									
银行信息														

中国银行台州分行 2016-10 核算用章

审核印鉴：　　复核：　　经办：　　（单位预留印鉴）

4-2

中国银行
BANK OF CHINA

DEBIT ADVICE
借记通知

TO:
致：HUATAI INTERNATIONAL TRADE CO. LTD

DATE（日期）：
2016-10-07

L/C NO.：
信用证号：01112ML20167542

DRAFT AMT.：
单据金额：USD500.00

AB NO.：
银行流水号：

CONTRACT NO.：
合同号：

WITH REFERENCE TO THE CAPTIONED ITEMS. PLEASE BE ADVISED THAT WE HAVE TODAY DEBITED YOUR ACCOUNT NO. 1207021209200060719 WITH THE FOLLOWING AMOUNT PAYMENT UNDER THE L/C ABOVE MENTIONED.

我行已于今日将上述业务之下列金额借记你公司 1207021209200060719 账户。

DEDUCT AMT.：
付款金额：USD500.00

BUYING RATE：6.270　SELLING RATE：6.290　REALING RATE：6.280

中国银行台州分行
2016-10
业务讫
5

BANK OF CHINA TAIZHOU BRANCH
中国银行台州分行

4-3

保险业专用发票
INSURANCE TRADE INVOICE

全国统一发票监制章
地方税务局监制

发票联
INVOICE

发票代码 3700000××××
发票号码 370××××

开票日期
Date of Issue：2016-10-07

付款人：
Payer　台州市华泰国际贸易有限公司

承保险种：
Coverage　财产保险

保险单号：
Policy No.　SHOUNB-JJ5881004

批单号：
End No.

保险费金额（大写）：
Premium Amount（In Words）　美元伍佰元整

（小写）：
(In Figures)　USD500.00

银行付讫

代收车船税（小写）：
Vehicle & Vessel Tax（In Figures）

滞纳金（小写）：
Overdue Fine（In Figures）

合计（大写）
Consist（In Words）　美元伍佰元整

（小写）：
(In Figures)　USD500.00

附注：
Remarks

保险公司名称：
Insurance Company　中华联合财产保险公司

复核：
Checked by

经手人：
Handler 李俊和

保险公司签章：
Stamped by Insurance Company

中华联合财产保险公司
88331234567898
发票专用章

地址：
ADD. 台州市康平路23号1座

电话：
TEL. 0576-25458562

保险公司纳税人识别号：
Taxpayer Identification No.

（手写无效）
Not Valid If In Hand Written

4-4

货物运输保险单
CARGO TRANSPORTATION INSURANCE POLICY

发票号：
INVOICE NO.：00306800

保险单号次：
POLICY NO.：PYIE20163205881004

被保险人：
INSURED：

中华联合财产保险公司（以下简称本公司）根据被保险人的要求，由被保险人向本公司缴付约定的保险费，按照本保险单承保险别和所载条款与下列条款承保下列货物运输保险，特立本保险单。

THIS POLICY INSURANCE WITNESSES THAT CHINA UNITED PROPERTY INSURANCE COMPANY（HEREINAFTER CALLED "THIS COMPANY"）AT THE REQUEST OF THE INSURED AND IN CONSIDERATION OF THE AGREED PREMIUM PAID TO THE COMPANY BY THE INSURED. UNDERTAKES TO INSURE THE UNDERMENTIONED GOODS IN TRANSPORTATION SUBJECT TO THE CONDITIONS OF THIS POLICY AS FOR THE CLAUSES PRINTED BELOW.

标　记 Marks&Nos.	包装及数量 Quantity	保险货物项目 Description of Goods	保险金额 Amount Insured
	4 000 千克		USD140 000.00

总保险金额：
TOTAL AMOUNT INSURED　USD140 000.00

保费：
PREMIUM USD500.00

起运日期：
DATE OF COMMENCEMENT 2016-10-07

装载运输工具：
PER CONVEYANCE

自
FROM　CALLAO

至
TO　TAIZHOU

承保险别：
CONDITIONS　FPA

所保险物，如发生保险单项下可能引起索赔的损失或损坏，应立即通知本公司下述代理人查勘。如有索赔，应向本公司提交保单正本（共有三份正本）及有关文件。如一份正本已用于索赔，其余正本自动失效。

IN THE EVENT OF LOSS OR DAMAGE WHICH MAY RESULT IN A CLAIM UNDER THIS POLICY，IMMEDIATE NOTICE MUST BE GIVEN TO THE COMPANY'S AGENT AS MENTIONED CLAIMS. IF ANY ONE OF THE ORIGINAL POLICY WHICH HAS ISSUED IN THREE ORGINALS TOGETHER WITH THE RELEVANT DOCUMENTS SURRENDERED TO THE COMPANY. IF ONE OF THE ORIGINAL POLICY HAS BEEN ACCOMPLISHED, THE OTHERS TO BE VOID.

中华联合财产保险公司台州分公司
CHINA UNITED PROPETY INSURANCE COMPANY
TAIZHOU DEPARTMENT

赔款偿付地点：
CLAIM PAYABLE AT

出单日期：
ISSUING DATE　2016-10-10

AUTHORIZED　SIGNATURE

5-1

INVOICE

CONSIGNEE HUATAI INTERNATIONAL TRADE CO., LTD. 288 DONGHAI AVENUE, JIAOJIANG DISTRICT, TAIZHOU, CHINA		NO. LDCE8903	DATE: OCT. 07, 2016	
NOTIFY PARTY SAME AS CONSIGNEE		L/C NO. EELLC64509256 **BANK OF CHINA** **TAIZHOU BRANCH**		
PORT OF LOADING CALLAO EGYPT	VESSEL YINHE PRINCESS			
VOYAGE NO. 353E	PORT OF DISCHARGE TAIZHOU CHINA	CONTRACT NO. MNW120061202		
MARK & NO. OF PKGS	DISCRIPTION OF GOODS	QUANTITY/ UNIT	UNIT PRICE	AMOUNT
			FOB C3% TAIZHOU	
TAIZHOU CHINA MADE IN EGYPT FREIGHT CHARGES TO COLLECT	COLD ROLLED STAINLESS STEEL STRIP	40 000 KGS	USD 3.5	USD140 000.00

SIGNED BY EGYPT JUYA STEEL CO., LTD
NO. 390 HERO STREET, CALLAO, EGYPT

6-1

进口关税计提表

商品名称	发票价款	国外运费	国外保险费	合　计	关税税率	关税金额
					20%	
合　计						

主管：　　　　会计：　　　　制单：

6-2

进口增值税计提表

商品名称	发票价款	国外运费	国外保险费	关税金额	合　计	增值税税率	增值税金额
						17%	
合　计							

主管：　　　　会计：　　　　制单：

7－1

台州海关进口关税专用缴款书

收入系统：海关系统　　填发日期：2016年10月14日　　号码No.：090880146550

收款单位	收入机关	中央金库		缴款单位	名称	台州市华泰国际贸易有限公司	
	科目	进口关税	预算级次　中央		账号	12070212092000607l9	
	收款国库	浙江省人民银行金库			开户银行	中国银行台州分行	
税号	货物名称	数量	单位	完税价格（¥）	税率	税款金额（¥）	
NF484404-104	低碳钢	40 000	千克	877 538.00	20%	175 507.60	
金额（大写）壹拾柒万伍仟伍佰零柒元陆角				合计（¥）	175 507.60		
申请单位编号		报关单编号		填制单位	收款国库（银行）		
合同（批文）号		运输工具（号）					
缴款期限	2016－11－14	提/装货单号		填制人			
备注	一般贸易，照章征收 国标代码：FGRTU598054			复核人			

中国银行台州分行　2016-10　业务讫　5

中华人民共和国台州海关　业务(6)　管理专用章

从填发缴款书之日起限15日内缴纳（期末遇法定节假日顺延），逾期按日征收税款总额万分之五的滞纳金。

7－2

中国银行 BANK OF CHINA

扣款通知

日期：2016－10－14

交易行：44-5010　　传票号：P3471458　　日志号：5563514

付款户名：台州市华泰国际贸易有限公司

付款账号：12070212092000607l9

付款开户行：中国银行台州分行

收款户名：台州市国家税务局

收款账号：12507854570454

收款开户行：中国建设银行台州分行

金额大写：壹拾柒万伍仟伍佰零柒元陆角

金额小写：175 507.60元

摘要：扣缴进口关税

备注：

中国银行台州分行　2016-10　业务讫　5

7-3

台州海关进口增值税专用缴款书

收入系统：海关系统　　填发日期：2016 年 10 月 14 日　　号码 No.：090880146550

收款单位	收入机关	中央金库		缴款单位	名　称	台州市华泰国际贸易有限公司	
	科　目	进口增值税	预算级次：中央		账　号	1207021209200060719	
	收款国库	浙江省人民银行金库			开户银行	中国银行台州分行	
税号	货物名称	数量	单位	完税价格（¥）	税率	税款金额（¥）	
NF484404-104	低碳钢	40 000	千克	1 053 045.60	17%	179 017.75	
金额（大写）壹拾柒万玖仟零壹拾柒元柒角伍分				合计（¥）	179 017.75		
申请单位编号		报关单编号		填制单位	收款国库（银行）		
合同（批文）号		运输工具（号）					
缴款期限	2016-11-14	提/装货单号					
备注	一般贸易，照章征收 纳税人代码：331001753984219			填制人____ 复核人____			

中国银行台州分行 2016-10 业务讫 5

中华人民共和国台州海关 业务(6) 管理专用章

从填发缴款书之日起限 15 日内缴纳（期末遇法定节假日顺延），预期按日征收税款总额万分之五的滞纳金。

7-4

中国银行 BANK OF CHINA

扣款通知

日期：2016-10-14

交易行：44-5010　　传票号：P3471459　　日志号：5563515

付款户名：台州市华泰国际贸易有限公司

付款账号：1207021209200060719

付款开户行：中国银行台州分行

收款户名：台州市国家税务局

收款账号：46540540220

收款开户行：中国建设银行台州分行

金额大写：壹拾柒万玖仟零壹拾柒元柒角伍分

金额小写：179 017.75 元

摘要：扣缴进口增值税

备注：

中国银行台州分行 2016-10 业务讫 5

8-1

中国银行 转账支票存根 40203226 03181545
附加信息
出票日期　2016年10月14日
收款人：台州市速达物流公司
金　额：￥800.00
用　途：运费
单位主管　　会计

8-2

公路、内河货物运输业统一发票
发　票　联

发票代码 3700000××××
发票号码 370××××

开票日期 2016-10-14

机打代码 机打号码 机器编号	211006122240 008205660 009018898250	税控码	5454－＋＞4521＜＜54100＜458＞ ＋＋545110445＊6－38/＞80229＜＊6 611＞－6－86 913＊0863＞813/4＞
收货人及 纳税人识别号	台州市华泰国际贸易有限公司 331001753984219	承运人及 纳税人识别号	台州市速达物流公司 332601000003839
发货人及 纳税人识别号		主管税务 机关及代码	台州市地税局椒江分局 4504504100211
运输项目及金额	运费 CNY800.00	其他项目及金额	
运费小计	￥800.00	其他费用小计	
合计（大写）	捌佰元整		（小写）￥800.00

承运人盖章　　　　开票人：李丽

第一联　发票联　付款方记账凭证（手开无效）

9－1

入　仓　单

验收部门：储运部门　　2016年10月14日

商品名称	规　格	单　位	数　量	单位成本	总成本
低碳钢		千克	40 000		1 053 045.60
合　计					1 053 045.60

记账联

保管员：李海　　仓库负责人：李四　　复核：张三

10－1

出　仓　单

用途：销售　　2016年10月17日

商品名称	规　格	单　位	数　量	单位成本	总成本
低碳钢		千克	40 000		1 053 045.60
合　计					1 053 045.60

记账联

保管员：李海　　仓库负责人：李四　　复核：张三

10－2

4400101140　　浙江增值税专用发票　　**№14525902**

记账联

（印章：全国统一发票监制章　浙江　地方税务总局监制）

开票日期：2016－10－17

购买方	单位名称：台州市富达钢铁制造有限公司 纳税人识别号：332601753984237 地址、电话：台州市路桥区腾达路99号0576－62365247 开户行及账号：中国银行台州分行1207021209277760715	密码区	5454－+>4521<<54100 加密版本：01< 458－265>++5451104 330010114 50－+>400<<558600－< 2523680025< 4151240－>+ +545<>+

货物或应税劳务、服务名称	规格型号	单位	数量	单价	金额	税率	税额
低碳钢		千克	40 000	37.50	1 500 000.00	17%	255 000.00
					¥1 500 000.00		¥255 000.00
价税合计（大写）	壹佰柒拾伍万伍仟元整				（小写）¥1 755 000.00		

销售方	单位名称：台州市华泰国际贸易有限公司 纳税人识别号：331001753984219 地址、电话：台州市椒江区东海大道288号0576－85365248 开户行及账号：中国银行台州分行1207021209200060719	备注	（印章：台州市华泰国际贸易有限公司 331001753984219 发票专用章）

收款人：　　复核：　　开票人：於小军　　销售方：（章）

第一联：记账联　销售方记账凭证

11 - 1

中国银行 BANK OF CHINA

扣 款 通 知

日期：2016 - 10 - 16

交易行：44 - 5010　　传票号：P3471460　　日志号：5563516

付款户名：台州市富达钢铁制造有限公司

付款账号：1207021209277760715

付款开户行：中国银行台州分行

收款户名：台州市华泰国际贸易有限公司

收款账号：1207021209200060719

收款开户行：中国银行台州分行

金额大写：壹佰柒拾伍万伍仟元整

金额小写：1 755 000.00 元

摘要：货款

备注：

中国银行台州分行 2016-10 业务讫 5

11 - 2

出 仓 单

用途：销售　　2016 年 10 月 17 日

品　名	规　格	单　位	数　量	单位成本	总成本
低碳钢		千克	40 000		1 053 045.60
合　计					1 053 045.60

转账联

保管员：李海　　仓库负责人：李四　　复核：张三

任务下达

【任务 1】 根据所给的原始凭证和资料，进行进口业务单证识别和经济业务内容还原（用语言详细地描述业务内容）。

【任务 2】 认真审核以上原始凭证，编制相应的记账凭证。

背景知识

进口业务方面的经济活动，是进口业务会计的工作对象。为了能对进口过程中的事项在会计上进行及时且正确的记录、分类、汇总、列报，会计人员必须先对进口业务的具体过程有一定程度的了解，并据此背景来组织原始凭证的来源、设计会计科目与子目的分类及账簿的格式，研究如何对账项进行定性与定量等。

在进口的各步骤中，和财会直接相关的有开证、审单、购汇赎单、纳税、入库和索赔六个环节，以及其后的国内销售及结算环节。

一、自营进口业务的相关规定

（一）自营进口外汇管理

经营进口业务的涉外企业，应随时关注国际市场各种货币的汇率变化，在对外成交时应尽量选择对自己有利的货币价格结算，并选择有利时机成交，防止因汇率变化造成损失。也可申请开立外汇结算账户，在核定的限额内，将部分出口收入的外汇暂时不结汇，保留在外汇结算账户上，用于支付进口用汇，这样既可避免汇率变化的风险，又可减少买卖外汇付给银行的手续费。

（二）自营进口结算管理

自营进口的商品最好在进口前落实国内用户，并与客户签订协议或合同，避免进口后临时找用户造成被动。进口商品的国内销售和货款是否及时回收，对企业的经营效益影响重大，必须重点加以管理。

自营进口的商品，以开出的进口结算单、增值税专用发票向国内用户办理货款结算，为商品销售收入确认时点。进口企业在收到国外账单或进口货船到达我国港口后，应按与国内用户的合同和相关规定，向用户办理有关结算手续。

向国内用户销售自营进口商品，除国家有特殊规定外，一般均按照市场供求关系，由企业与用户协商定价，其进口成本与国内销售价格的差额，即为进口企业自营进口业务的盈亏。

为保证进口商品货款的及时收回，减少货款拖欠，企业应配备专人办理货款结算工作，及时开单，及时催收，及时解决结算过程中出现的问题，保证资金及时回笼。

（三）自营进口商品采购成本的构成

进口商品采购成本是指进口商品到达目的港以前发生的各种支出，主要包括国外进价和进口税金两个部分。

1. 国外进价

进口商品的进价一律以 CIF 价格为基础，凡进口合同以 FOB 或 CFR 价格成交的，商品离开对方口岸后，应由外贸企业负担的国外运费、保险费均应作为商品的国外进价入账。进口企业收到的能够直接认定的进口商品佣金，应冲减商品的国外进价。对于难以按商品直接认定的佣金，如累计佣金则只能冲减“销售费用”账户。商品到达我国口岸后发生的运输装卸费、保险费等进货费用不能计入国外进价，应直接计入销售费用。

2. 进口税金

进口税金是指进口商品在进口环节应缴纳的计入进口商品成本的各种税金，包括海关征收的进口关税和消费税。商品进口环节征收的增值税是价外税，不是进口商品采购成本的构成部分，应将其列入“应交税费”账户。如进口属于自用的固定资产，其进口增值税一般也应计入增值税的进项税额。进口商品在国内销售环节缴纳的各种税金，不在进口商品采购成本中核算。

这样，自营进口商品采购成本的计算公式如下：

自营进口商品采购成本＝境外 CIF 买价（即境外 FOB 买价＋进口方负担的海外运费、保险费）＋进口关税＋进口消费税－收到的佣金

二、自营进口业务的账务处理

（一）开证申请的核算

进口商品通过进口交易的协商，在签订合同时会选定货款的支付方式是托收还是信用证。如果选择托收方式，则属于出口方对进口方给予商业信用，此时无需资金的收付，也不用作任何账务处理。如果协议采用信用证方式，则有一系列的银行业务手续要办。

信用证方式下，进口企业根据开证申请书及进口合同的金额填写“支取凭条”，向银行办理从外汇结算往来户转入信用证存款专户；无现汇账户的，不可提前购汇，可用人民币作为信用证保证金。如信用证存款专户以前已开立，也可以用“外汇划款凭证（委托付款）”向银行办理由结算往来户转入信用证存款专户。

财务部门凭支取凭条或外汇划款凭证（委托付款），作如下处理：

借：其他货币资金——信用证保证金

　　财务费用——手续费（银行开证费和通知费）

　贷：银行存款——人民币户（或外币户）

（二）赎单付款的核算

进口企业收到银行转来的全套单证，审单通过后，付款赎单。对即期信用证要购汇支付或自信用证存款专户及外汇存款中支付，对远期信用证则在到期日付款。当信用证存款专户中的资金不足以付清货款时，根据“购买外汇申请书”“借记通知”“兑换水单”做购汇补足差额。财务部门根据进口信用证、单据通知书、支票、购汇申请书、售汇水单等相关凭证，作如下处理：

借：商品采购——进口商品采购

　贷：其他货币资金——信用证保证金

　　　银行存款——外币户（差额部分）

（三）支付国外运费、保险费的核算

进口企业根据各种费用账单及支付凭证，作如下处理：

借：商品采购——进口商品采购

贷：银行存款——外币户

（四）支付国内运杂费等的核算

进口企业根据各种费用账单及支付凭证，作如下处理：

借：销售费用

  贷：银行存款——外币户

（五）收到进口佣金的核算

进口企业收到出口方付来的佣金时，根据相关凭证作如下处理：

借：银行存款——外币户

  商品采购——进口商品采购（红字）

（六）报关纳税的核算

我国现阶段在进口环节涉及的主要税种有三个，分别为关税、消费税和增值税。除此以外，还有附存在增值税和消费税上的两个附加性税种——城市维护建设税和教育费附加。

从价计征方式下：

关税＝关税完税价格×关税税率

＝CIF 原币价格×市场汇率（中间价）×关税税率

消费税＝组成计税价格×消费税税率

＝（CIF 人民币价格＋关税）÷（1－消费税税率）×消费税税率

增值税＝组成计税价格×增值税税率

＝（CIF 人民币价格＋关税＋消费税）×增值税税率

进口商品运抵我国口岸，向海关申报进口关税、消费税和增值税时，根据通知单作会计分录如下：

借：商品采购——进口商品采购

  贷：应交税费——应交进口关税

    应交税费——应交消费税

缴纳税费后，根据税费收据作会计分录如下：

借：应交税费——应交进口关税

  应交税费——应交消费税

  应交税费——应交增值税（进项税额）

  贷：银行存款

（七）自营进口国内销售和国内货款结算的核算

进口企业自营进口商品，以开出的进口结算单、增值税专用发票向国内用户办理货款结算，作为商品销售成立的条件。进口商品销售结算有货到结算、单到结算和出库结算三种方式。

（1）货到结算——在货船到达我国港口取得外运公司的船舶到港通知，并向订货单位开出结算凭证时，作为销售收入的实现。自营进口业务通常采用这种方式。

（2）单到结算——进口企业不管进口商品是否到达我国港口，只要收到银行转来的国外全套结算单据，经审核符合合同规定，便可在向外商付款的同时向国内订货单位办理货款结算，作为销售收入的实现。

（3）出库结算——进口商品到货后先验收入库，待销售出库时，凭出库单向国内订货单位办理货款结算，开出结算凭证及增值税专用发票，作为销售收入的实现。

上述三种结算方式有两种不同的会计处理方式（见表 3－1）。

表 3－1　不同结算方式的会计处理

<table>
<tr><th rowspan="2">业务内容</th><th colspan="2">会计分录</th></tr>
<tr><th>出库结算</th><th>单到结算、货到结算</th></tr>
<tr><td>商品入库</td><td>借：库存商品——××
　贷：商品采购——进口商品采购</td><td>无此步骤</td></tr>
<tr><td>确认收入</td><td colspan="2">借：应收账款——××公司
　贷：自营进口销售收入——××
　　　应交税费——应交增值税（销项税额）</td></tr>
<tr><td>结转成本</td><td>借：自营进口销售成本——××
　贷：库存商品——××</td><td>借：自营进口销售成本——××
　贷：商品采购——进口商品采购</td></tr>
<tr><td>收到货款</td><td colspan="2">借：银行存款
　贷：应收账款——××公司</td></tr>
</table>

自营进口销售其他业务的会计分录如表 3－2 所示。

表 3－2　自营进口销售其他业务的会计分录表

<table>
<tr><th colspan="2">业务内容</th><th>主要会计分录</th></tr>
<tr><td rowspan="5">自营进口商品销售退回的核算（单到结算方式）</td><td>支付退货商品的国外运费</td><td>借：应收外汇账款
　贷：银行存款——外币户</td></tr>
<tr><td>将商品作进货退回处理，并向税务部门申请退还已支付的进口关税</td><td>借：应收外汇账款
　　应交税费——应交进口关税
　贷：自营进口销售成本
同时开出红字专用发票，作销货退回处理：
借：自营进口销售收入
　　应交税费——应交增值税（销项税额）
　贷：应付账款</td></tr>
<tr><td>收到退回的货款及垫付费用</td><td>借：银行存款——外币户
　贷：应收外汇账款</td></tr>
<tr><td>签发转账支票支付国内公司退货款</td><td>借：应付账款
　贷：银行存款</td></tr>
<tr><td>收到税务部门退还的进口关税和增值税</td><td>借：银行存款
　贷：应交税费——应交进口关税
　　　应交税费——应交增值税（进项税额）</td></tr>
<tr><td>索赔和理赔的核算</td><td>属于保险公司、国外出口方、运输部门等的责任</td><td>借：应收外汇账款——进口索赔款
　　自营进口销售成本（红字）
收到对方理赔款时：
借：银行存款
　贷：应收外汇账款——进口索赔款</td></tr>
</table>

续前表

业务内容		主要会计分录
	对国外出口方等提出索赔的同时，向国内订货单位理赔（退赔）	贷：自营进口销售收入（红字） 银行存款、应收账款
	对国外出口方等无索赔权或丧失索赔权的，企业仍按规定对内理赔付款，经批准将理赔支出借记“营业外支出”账户	借：自营进口销售成本（红字） 营业外支出

模块三

进口业务会计核算——代理进口

情境引例

1-1

中国银行 BANK OF CHINA　　**进　账　单**（回单或收款通知）　　①

签发日期：2016-10-02　　第0725号

付款单位	全　称	台州市光华贸易有限公司	收款单位	全　称	台州市华泰国际贸易有限公司
	账　号	1207400125541250006		账　号	1207021209200060719
	开户银行	中国银行台州分行		开户银行	中国银行台州分行
金额	人民币（大写）陆拾万元整			千 百 十 万 千 百 十 元 角 分	¥ 6 0 0 0 0 0 0 0
	票据种类	支票		收款人开户银行盖章	
	票据张数	一张			

中国银行台州分行 2016-10 业务讫 5

审核：　　复核：　　经办：　　（单位预留印鉴）

1-2

收　据

RECEIPT　　2016年10月2日

今收到　台州市光华贸易有限公司

进口电动叉车预付货款

银行收讫

金额（大写）⊗佰陆拾零万零仟零佰零拾零元零角零分

收款单位（盖章）　　¥600 000.00

台州市华泰国际贸易有限公司财务专用章

第一联　记账联

核准：王海英　　会计：　　记账：王莉　　出纳：孙一　　经手人：张敏

2－1

INVOICE

CONSIGNEE HUATAI INTERNATIONAL TRADE CO.，LTD 288 DONGHAI AVENVE，JIAOJIANG DISTRICT， TAIZHOU，CHINA		NO. LDGE8904	DATE： OCT. 05，2016	
NOTIFY PARTY SAME AS CONSIGNEE		L/C NO. EELLC64509257 **BANK OF CHINA** **TAIZHOU BRANCH**		
PORT OF LOADING YOKOHAMA JAPAN	VESSEL KING 1989			
VOYAGE NO. 367E	PORT OF DISCHARGE TAIZHOU CHINA	CONTRACT NO. MNW1200101258		
MARK & NO. OF PKGS	DISCRIPTION OF GOODS	QUANTITY/ UNIT	UNIT PRICE	AMOUNT
			CIF C3% TAIZHOU	
TAIZHOU CHINA MADE IN JAPAN	B303 FORKLIFT TRUCK	5	UNIT 9 800. 00	USD49 000. 00
FREIGHT CHARGES PREPAID				

SIGNED BY JAPAN MURATEC MACHINE CO.，LTD
NO. 45 MORDERN STREET，YOKOHAMA，JAPAN

2－2

中国银行
BANK OF CHINA

DEBIT ADVICE
借记通知

TO：
致：HUATAI INTERNATIONAL TRADE CO.，LTD

DATE（日期）：
2016－10－12

L/C NO.：
信用证号：01112ML20167542
AB NO.：
银行流水号：

DRAFT AMT.：
单据金额：USD49 000. 00
CONTRACT NO.：
合同号：

WITH REFERENCE TO THE CAPTIONED ITEMS，PLEASE BE ADVISED THAT WE HAVE TODAY DEBITED YOUR ACCOUNT NO. 1207021209200060719 WITH THE FOLLOWING AMOUNT PAYMENT UNDER THE L/C ABOVE MENTIONED.
我行已于今日将上述业务之下列金额借记你公司 1207021209200060719 账户。

中国银行台州分行
2016-10
业务讫
5

DEDUCT AMT.：
付款金额：USD49 000. 00

BUYING RATE：6. 200　SELLING RATE：6. 400　REALING RATE：6. 300

BANK OF CHINA TAIZHOU BRANCH
中国银行台州分行

3-1

进口关税计提表

商品名称	发票价款	国外运费	国外保险费	合　计	关税税率	关税金额
电动叉车	305 760.00	0	0	305 760.00	22%	67 267.20
合　计	305 760.00	0	0	305 760.00		67 267.20

主管：王海英　　　　会计：王莉　　　　制单：于莉

3-2

进口增值税计提表

商品名称	发票价款	国外运费	国外保险费	关税金额	合　计	增值税税率	增值税金额
电动叉车	305 760.00	0	0	67 267.20	373 027.20	17%	63 414.62
合　计	305 760.00	0	0	67 267.20	373 027.20		63 414.62

主管：王海英　　　　会计：王莉　　　　制单：于莉

4-1

台州海关进口关税专用缴款书

收入系统：海关系统　　填发日期：2016年10月25日　　号码No.：090880146552

收款单位				缴款单位	
收入机关	中央金库			名　称	台州市华泰国际贸易有限公司
科　目	进口关税	预算级次	中央	账　号	1207021209200060719
收款国库	浙江省人民银行金库			开户银行	中国银行台州分行

税号	货物名称	数量	单位	完税价格（¥）	税率	税款金额（¥）
RTYY4445587	电动叉车	5	台	305 760.00	22%	67 267.20
金额（大写）陆万柒仟贰佰陆拾柒元贰角				合计（¥）		67 267.20

申请单位编号		报关单编号		填制单位	收款国库（银行）
合同（批文）号		运输工具（号）			
缴款期限	2016-11-25	提/装货单号			
备注	一般贸易，照章征收 国标代码：RTYRTY845645211			填制人______ 复核人______	

中国银行台州分行 2016-10 业务讫 5

中华人民共和国台州海关 业务(6) 管理专用章

从填发缴款书之日起限15日内缴纳（期末遇法定节假日顺延），预期按日征税款总额万分之五的滞纳金。

4-2

中国银行
BANK OF CHINA

扣　款　通　知

日期：2016-10-25

交易行：44-5010　　　　传票号：P3471471　　　　日志号：5563518

付款户名：台州市华泰国际贸易有限公司

付款账号：1207021209200060719

付款开户行：中国银行台州分行

收款户名：台州海关

收款账号：12507854570454

收款开户行：中国建设银行台州分行

金额大写：陆万柒仟贰佰陆拾柒元贰角

金额小写：67 267.20 元

摘要：扣缴进口关税

备注：

中国银行台州分行
2016-10
业务讫
5

4-3

台州海关进口增值税专用缴款书

收入系统：海关系统　　　填发日期：2016 年 10 月 25 日　　　号码：No.：090880146551

收款单位	收入机关	中央金库		缴款单位	名称	台州市华泰国际贸易有限公司
	科目	进口增值税	预算级次 中央		账号	1207021209200060719
	收款国库	浙江省人民银行金库			开户银行	中国银行台州分行

税号	货物名称	数量	单位	完税价格（￥）	税率	税款金额（￥）
RTYY4445587	电动叉车	5	台	373 027.20	17%	63 414.62

金额（大写）陆万叁仟肆佰壹拾肆元陆角贰分				合计（￥）	63 414.62
申请单位编号		报关单编号		填制单位	收款国库（银行）
合同（批文）号		运输工具（号）			
缴款期限	2016-11-25	提/装货单号			
备注	一般贸易，照章征收 纳税人代码：331001753984219			填制人______ 复核人______	

中国银行台州分行
2016-10
业务讫
5

中华人民共和国台州海关
业务(6)
管理专用章

从填发缴款书之日起限 15 日内缴纳（期末遇法定节假日顺延），预期按日征税款总额万分之五的滞纳金。

4－4

中国银行
BANK OF CHINA

扣　款　通　知

日期：2016－10－25

交易行：44－5010　　传票号：P3471472　　日志号：5563529

付款户名：台州市华泰国际贸易有限公司

付款账号：1207021209200060719

付款开户行：中国银行台州分行

收款户名：台州海关

收款账号：46540540220

收款开户行：中国建设银行台州分行

金额大写：陆万叁仟肆佰壹拾肆元陆角贰分

金额小写：63 414.62 元

摘要：扣缴进口增值税

备注：

中国银行台州分行
2016-10
业务讫
5

5－1

公路、内河货物运输业统一发票

发　票　联

发票代码 3700000××××
发票号码 370××××

开票日期：2016－10－20

机打代码 机打号码 机器编号	211006122240 008205661 009018898250	税控码	5454－＋＞4521＜＜54100＜458＞ ＋＋545110445＊6－38/＞80229＜＊6 611＞－6－86 913＊0863＞813/4＞
收货人及 纳税人识别号	台州市华泰国际贸易有限公司 331001753984219	承运人及 纳税人识别号	台州市速达物流公司 332601000003839
发货人及 纳税人识别号		主管税务 机关及代码	台州市地税局椒江分局 4504504100211
运输项目及金额	运费 CNY3 500.00	其他项目及金额	
运费小计	￥3 500.00	其他费用小计	
合计（大写）	叁仟伍佰元整		（小写）￥3 500.00

承运人盖章　　开票人：李丽

332601000003839
发票专用章

第一联　发票联　付款方记账凭证（手开无效）

5-2

中国银行
转账支票存根
40203226
03181546

附加信息

出票日期：2016年10月20日

收款人：	台州市速达物流公司
金　额：	¥3 500.00
用　途：	运费

单位主管　　　会计

6-1

农村信用合作社
转账支票存根
VIV 00680325

科　　目：

对方科目：

出票日期：2016年10月31日

收款人：	台州市龙江报关代理有限公司
金　额：	¥3 800.00
用　途：	报关费

单位主管　　　会计

6-2

浙江省地方税务局通用机打发票

发　票　联

发票代码 244061107991

开票日期：2016-10-26　　　行业分类：其他服务业　　　发票号码 05679217

纳税人识别号	331001753984219		机打号码	01713758
机器编号			税控防伪码	WR8WM5VyUZc4SC90LMF8
付款户名	台州市华泰国际贸易有限公司		付款方式	转账
服务项目及摘要	单　位	数　量	单　价	金　额
报关费				3 800.00
合计 人民币（大写）叁仟捌佰元整				¥3 800.00

转账付讫

开票人：李丽　　　收款人：　　　收款单位盖章　（手写无效）

台州市龙江报关代理有限公司 440682658742542 发票专用章

7-1

进 口 代 理 费 计 提 表

商品名称	发票价款	代理费率	市场汇率	代理金额	备 注
电动叉车	49 000	2%	6.280	6 154.40	台州市光华贸易有限公司
合 计				6 154.40	

主管：王海英　　　　会计：王莉　　　　制单：于莉

7-2

台州市华泰国际贸易有限公司代理进口物资结算单

品名：　　　　进口合同号：　　　　数量：

进口国别：　　　　到达口岸：　　　　单价：

折合汇率：　　　　船名：　　　　总价：

结算项目	金 额	备 注
货值		
运费		
保险费		
进口关税		
进口增值税		
合 计		

7-3

中国银行 BANK OF CHINA

中国银行　电汇凭证（回　单）①

委托日期：2016 年 10 月 26 日

□普通　□加急

<table>
<tr><td rowspan="4">汇款人</td><td>全　称</td><td>台州市华泰国际贸易有限公司</td><td rowspan="4">收款人</td><td>全　称</td><td colspan="10">台州市光华贸易有限公司</td></tr>
<tr><td>账　号</td><td>1207021209200060719</td><td>账　号</td><td colspan="10">1207400125541250006</td></tr>
<tr><td>汇出地点</td><td>浙江省台州市</td><td>汇入地点</td><td colspan="10">浙江省台州市</td></tr>
<tr><td>汇出行名称</td><td>中国银行台州分行</td><td>汇入行名称</td><td colspan="10">中国银行台州分行</td></tr>
<tr><td rowspan="2">金额</td><td colspan="4" rowspan="2">人民币（大写）壹拾伍万零玖佰陆拾叁元柒角捌分</td><td>千</td><td>百</td><td>十</td><td>万</td><td>千</td><td>百</td><td>十</td><td>元</td><td>角</td><td>分</td></tr>
<tr><td></td><td>¥</td><td>1</td><td>5</td><td>0</td><td>9</td><td>6</td><td>3</td><td>7</td><td>8</td></tr>
<tr><td colspan="3" rowspan="2"></td><td colspan="2">支付密码</td><td colspan="10"></td></tr>
<tr><td colspan="12">附加信息及用途：</td></tr>
<tr><td colspan="3">汇出行签章</td><td colspan="12">复核　　记账</td></tr>
</table>

中国银行台州分行 2016-10 业务讫 5

此联为汇出行给汇款人的回单

7-4

浙江省地方税务局通用机打发票

发　票　联

发票代码 244061107990

开票日期：2016-10-26　　行业分类：其他服务业　　发票号码 05679226

纳税人识别号	331001753984219		机打号码	01713756
机器编号			税控防伪码	WR8WM4VyUZc4SC90LMF8
付款户名	台州市光华贸易有限公司		付款方式	转账
服务项目及摘要	单　位	数　量	单　价	金　额
代理费				6 154.40
合计 人民币（大写）陆仟壹佰伍拾肆元肆角				¥6 154.40

转账付讫

开票人：李丽　　收款人：　　收款单位盖章（手写无效）

台州市华泰国际贸易有限公司 331001753984219 发票专用章

任务下达

【任务 1】根据所给的原始凭证和资料，进行进口业务单证识别和经济业务内容还原（用语言详细地描述业务内容）。

【任务 2】认真审核以上原始凭证，编制相应的记账凭证。

背景知识

代理进口业务是指受托进口企业接受委托方的委托，根据与委托方签订的委托代理进口合同或协议，代理委托方对外洽谈、签订并履行进口合同，办理运输、开证、付汇等，并收取一定手续费的进口业务。

受托进口企业不负担代理业务盈亏，如若负担盈亏，则不属于代理进口业务，而成为转销业务。转销业务属于自营性质，按自营进口商品业务办理。

进口企业只受托对外成交，而不负责进口开证、付款等事宜的进口业务，不属于代理进口业务，只属于代办业务。

一、代理进口业务的相关规定

受托进口企业经营代理进口业务，应不垫付进口商品资金，不负担进口商品的国内外基本费用（如海外运输费、保险费、代理手续费等），也不承担进口业务盈亏，外方付来的进口佣金和索赔款全部交给委托方。受托进口企业只承担间接费用，包括开证费、电信费等。受托进口企业根据进口商品的CIF价格，按规定的代理手续费率向委托方收取代理手续费，所收取的手续费作为代理开支及盈利，应缴纳增值税。

代理进口所需的外汇原则上由委托方解决，如需受托进口企业代为购汇，则手续费由委托方负担。根据这一原则，委托方必须预付采购进口商品的资金，受托进口企业只有在向委托方收妥款项后，才能与其签订进口合同和对外开立进口信用证。

企业代理进口业务，应以开出代理进口结算单，向国内委托方办理货款结算的时间确认销售收入的实现。

由于受托进口企业经营代理进口业务前已与委托方签订了代理进口合同或协议，就代理进口商品的名称、价款条件、运输方式、费用负担、风险责任、手续费率等相关内容作出了详细的规定，明确了双方的权利和责任，因此，当银行转来国外全套结算单据，经审核与合同无不符点，支付进口商品货款的同时，就可以向国内委托方办理货款结算，代理进口商品的销售也就实现了。

二、代理进口业务的账务处理

（一）预收采购资金的核算

收到委托方预付款，根据银行进账单等，作会计分录如下：

借：银行存款

　贷：预收账款——××公司

（二）支付国外货款和费用的核算

受托进口企业收到银行转来的国外全套结算单据，经审核无误，对外付款。根据付款通知单、外汇业务借记通知、境外汇款申请书、代交费用凭证等，作会计分录如下：

借：预收账款——××公司

　贷：银行存款

（三）支付进口税金的核算

代理进口商品应缴纳的进口税金主要包括海关征收的进口关税、消费税和增值税，这些均由委托方承担。如委托方已预付采购资金，则从预付款中支付。但是受托进口企业代理进口收取的手续费，按照税法规定应缴纳的税金，则应由受托进口企业承担。

根据税款缴纳凭证，作会计分录如下：

借：预收账款——××公司

　贷：应交税费——应交进口关税

　　　应交税费——应交增值税（进项税额）

　　　应交税费——应交消费税

上缴时：

借：应交税费——应交进口关税

　　应交税费——应交增值税（进项税额）

　　应交税费——应交消费税

　贷：银行存款

（四）与委托方清算的核算

企业代理进口商品，与委托方结算的款项主要包括以 CIF 价格为基础的进价、进口税金、各项费用和代理进口手续费。

财务部门根据业务部门转来的代理手续费发票（记账联），作会计分录如下：

借：预收账款

　贷：主营业务收入（或其他业务收入）——代理进口销售收入

财务部门填写“代理进口物资结算单”，与委托方结算货款。

预付不足时：

借：银行存款

　贷：预收账款

预付超出时：

借：预收账款

　贷：银行存款

（五）应交税金的核算

受托进口企业应交税金的会计分录如下：

借：营业税金及附加

　贷：应交税费——应交城市维护建设税

　　　应交税费——应交教育费附加

附 件

附件 1——订购合同
附件 2——进口许可证
附件 3——开证申请书（正面）
附件 4——开证申请书（背面）
附件 5——购汇/用汇申请书
附件 6——海运发票
附件 7——装船通知
附件 8——进口运输预约保险投保单
附件 9——海运提单
附件 10——商业发票
附件 11——装箱单/重量单
附件 12——装箱单附页
附件 13——原产地证明
附件 14——重量/质量证明
附件 15——无木质包装申明
附件 16——书面通知
附件 17——承付/拒付通知书
附件 18——到货通知书
附件 19——进出口货物代理报关委托书
附件 20——报检委托书
附件 21——提货单正联
附件 22——费用账单（一）
附件 23——交货记录
附件 24——入境货物报检单
附件 25——进口货物报关单
附件 26——费用清单

附件 1

南京德尚贸易有限公司
NANJING DESUN TRADING CO.，LTD

HUARONG MANSION RM2901 NO. 85 GUANJIAQIAO，NANJING 210005，CHINA

订　购　合　同
PURCHASE CONTRACT

买方：南京德尚贸易有限公司
THE BUYERS：NANJING DESUN TRADING CO.，LTD

卖方：
THE SELLERS：EAST AGENT COMPANY

合同号码：
CONTRACT NO.：DS1032E

南京日期：
NANJING DATE：MAR. 15，2016

经同意按照下列条款由卖方出售，买方购进下列货物：
THE SELLER AGREES TO SELL AND THE BUYER AGREES TO BUY THE UNDERMENTIONED COMMODITY ACCORDING TO THE TERMS AND CONDITIONS STATED BELOW：

1. 商品名称及规格
   NAME OF COMMODITY，SPECIFICATION：
   MITSUBISHI DAIYA PACKAGED AIR CONDITIONER（INDOOR UNIT）PARTS：
   FDTJ56HKXE2 30 PCS AT JPY23 460.00，FOB NAGOYA
   FUDMJ56HKXE2 42 PCS AT JPY24 400.00，FOB NAGOYA
   RCD-HKX-S-E2 30 PCS FREE OF CHARGE
   RCD-HKX-E2 42 PCS FREE OF CHARGE
2. 总值
   TOTAL VALUE：JPY1 728 600.00
3. 包装
   PACKING：EXPORT STANDARD CARTON
4. 生产国别及制造厂商
   COUNTRY OR ORIGIN AND/OR MANUFACTURED：MITSUBISHI HEAVY INDUSTRIES CO.，LTD
5. 付款条件
   TERMS OF PAYMENT：BY IRREVOCABLE LETTER OF CREDIT TO BE OPENED BY FULL AMOUNT OF S/C，PAYMENT AT SIGHT DOCUMENT TO BE PRESENTED WITHIN 21 DAYS AFTER DATE OF B/L AT BENEFICIARY'S ACCOUNT.
6. 保险
   INSURANCE：TO BE COVERED BY THE BUYER.
7. 装运时间
   TIME OF SHIPMENT：BEFORE MAR. 31，2016
8. 装运唛头
   SHIPPING MARK：N/M
9. 装运口岸
   PORT OF LOADING：NAGOYA，JAPAN
10. 目的口岸
    PORT OF DESTINATION：NANJING，CHINA
11. 装运条件
    TERMS OF SHIPMENT：PARTIAL SHIPMENTS IS NOT ALLOWED，TRANSHIPMENT IS NOT ALLOWED.
12. 特殊条款
    SPECIAL CLAUSES：THIS CONTRACT SHALL COME INTO EFFECT IMMEDIATELY AFTER IT IS SIGNED BY BOTH PARTIES IN TWO ORIGINAL COPIES，EACH PARTY HOLDS ONE COPY.

卖方（THE SELLERS）	买方（THE BUYERS）
EAST AGENT COMPANY	NANJING DESUN TRADING CO.，LTD
（卖方签字和盖章）	（买方签字和盖章）
____________________	____________________

附件 2

中华人民共和国自动进口许可证
AUTOMATIC IMPORT LICENCE OF THE PEOPLE'S REPUBLIC OF CHINA

No. 20313768

1. 进口商： Importer 南京德尚贸易有限公司	3. 自动进口许可证号： Automatic import licence No. 3200-2016-31428
2. 进口用户： Consignee 南京德尚贸易有限公司	4. 自动进口许可证有效截止日期： Automatic import licence expiry date 2017 年 3 月 20 日
5. 贸易方式： Terms of trade 一般贸易	8. 贸易国（地区）： Country/Region of trading 日本
6. 外汇来源： Terms of foreign exchange 银行购汇	9. 原产地国（地区）： Country/Region of origin 日本
7. 报关口岸 Place of clearance 南京海关	10. 商品用途： Use of goods 直接销售

11. 商品名称： Description of goods 空调附件	商品编码： Code of goods 84158300	设备状态： Status of equipment 新

12. 规格、型号 Specification	13. 单位 Unit	14. 数量 Quantity	15. 单价（JPY） Unit Price	16. 总值（JPY） Amount	17. 总值折美元 Amount in USD
FDTJ56HKXE2	台	*30*	*23 460.00	*703 800*	*5 497*
FUDM56HKXE2	台	*42*	*24 400.00	*1 024 800*	*8 004*
18. 总计 Total		*72*		*1 728 600*	*13 501*

19. 备注： Supplementary details	20. 发证机关签章： Issuing authority's stamp （机电办自动进口许可证专用章） 21. 经办人签字： Signature 22. 发证日期： Licence date　　2016 年 3 月 20 日

附件 3

IRREVOCABLE DOCUMENTARY CREDIT APPLICATION

TO：BANK OF CHINA JIANGSU BRANCH Date：2016－03－21

<table>
<tr><td colspan="2">☐Issue by airmail
☑With brief advice by teletransmission
☐Issue by express delivery
☐Issue by teletransmission（which shall be the operative instrument）</td><td>**Credit No.**

Date and place of expiry **APR. 15，2016 JAPAN**</td></tr>
<tr><td colspan="2">Applicant
NANJING DESUN TRADING CO.，LTD
HUARONG MANSION RM2901 NO. 85 GUANJIAQIAO，NANJING 210005，CHINA</td><td>Beneficiary（Full name and address）
EAST AGENT COMPANY
5-8-21，MINANI-AZABU，MINATO-KU，TOKYO，JAPAN</td></tr>
<tr><td colspan="2">Advising Bank
THE SUMITOMO BANK，YOKOHAMA BRANCH，1-3-10，HAGOROMO-CHUO，NAKA-KU YOKOHAMA，JAPAN 231－0047</td><td>Amount
JPY1 728 600. 00</td></tr>
<tr><td>Partial shipments
☐allowed ☑not allowed</td><td>Transhipment
☐allowed ☑not allowed</td><td rowspan="3">Credit available with
ANY BANK BY NEGOTIATION
by
☐sight payment ☐acceptance ☐negotiation
☐deferred payment at against the documents detailed herein
☑and beneficiary's draft(s) for **100%** of invoice value at … sight
drawn on **ISSUE BANK**</td></tr>
<tr><td colspan="2">Loading on board/dispatch/taking in charge at/from
NAGOYA
not later than **MAR. 31，2016**
For transportation to：**NANJING**</td></tr>
<tr><td colspan="2">☑FOB ☐C&F ☐CIF
☐or other terms</td></tr>
</table>

Documents required：(marked with X)

1. (X) Signed commercial invoice in __6__ copies indicating L/C No. ______ and Contract No. __DS1032E__
2. (X) Full set of clean on board Bills of Lading made out to order and blank endorsed，marked "freight [X] to collect/ [ ] prepaid [ ] showing freight amount" notifying **THE APPLICANT，PLUS 1 NON-NEGOTIABLE COPY.**
   ( ) Airway bills/cargo receipt/copy of railway bills issued by ______ showing "freight [ ] to collect/ [ ] prepaid [ ] indicating freight amount" and consigned to ______.
3. ( ) Insurance Policy/Certificate in ___ copies for ___ % of the invoice value showing claims payable in ______ in currency of the draft blank endorsed，covering All Risks，War Risks and ______.
4. (X) Packing List/Weight Memo in __3__ copies indicating quantity，gross and weights of each package.
5. ( ) Certificate of Quantity/Weight in ___ copies issued by ______.
6. ( ) Certificate of Quality in ___ copies issued by [ ] manufacturer/ [ ] public recognized surveyor.
7. (X) Certificate of Origin in __3__ copies issued by **MANUFACTURER.**
8. (X) Beneficiary's certified copy of fax/tele dispatched to the applicant within __48__ hours after shipment advising L/C No.，name of vessel，date of shipment，name，quantity，weight and value of goods.

Other documents，if any

1. CERTIFICATE OF QUALITY/QUANTITY IN 3 COPIES ISSUED BY MANUFACTURER.
2. DECLARATION OF NON-CONIFEROUS WOOD PACKING MATERIAL BY BENEFICIARY.

Description of goods：

MITSUBISHI DAIYA PACKAGED AIR CONDITIONER（INDOOR UNIT）PARTS

Additional instructions：

1. (X) All banking charges outside the opening bank are for beneficiary's account.
2. (X) Documents must be presented within __21__ days after date of issuance of the transport documents but within the validity of this credit.
3. ( ) Third party as shipper is not acceptable，short form/blank B/L is not acceptable.
4. ( ) Both quantity and credit amount ___ % more or less are allowed.
5. ( ) All documents must be forwarded in ______.

(X) Other terms，if any

1. ALL DOCUMENTS ARE TO BE PRESENTED TO US IN ONE LOT BY COURIER/SPEED POST. OUR ADDRESS IS BANK OF CHINA，JIANGSU BRANCH，NO. 148 SOUTH ZHONGSHAN ROAD NANJING 210005 JIANGSU P. R. CHINA.
2. A DISCREPANCY FEE FOR JPY6 172 WILL BE DEDUCTED FROM THE PAYMENT FOR EACH SET OF DOCUMENTS CONTAINING DISCREPANCY（IES).

附件 4

开证申请人承诺书

致：中国银行江苏分行

兹谨请贵行为我公司按本申请书所列条款开立第 DS1032E 号国际货物买卖合同项下不可撤销跟单信用证。为此，我公司将提供贵行要求的真实有效的有关文件，按受贵行的审查，并作如下声明保证：

一、在贵行规定期限内偿付贵行在该信用证项下的付款，包括贵行及有关银行的各项手续费、杂费或利息等。

二、在收到贵行提示的该信用证项下单据后的三个工作日内以书面通知贵行付款/承兑/确认迟期付款。如在此规定期限内，我公司既不通知贵行付款/承兑/确认迟期付款，又未提出拒付，贵行有权在到期日自行确定对外付款/承兑/确认迟期付款。

三、我公司如发现单据存在不符点，将在上述规定期限内向贵行以书面（拒付理由书一式两份）提出拒付要求，列明不符点，同时将全套单据退回贵行。对我公司提出的不符点，贵行有独立的终结认定权和处理权，即经贵行根据国际惯例审核，认为不属可据以拒付的不符点，贵行有权主动对外付款/承兑/确认迟期付款。

四、该信用证如需修改由我公司向贵行提出书面申请，由贵行根据具体情况确定能否办理修改。我公司确认所有修改当受益人接受时才能生效。

五、经贵行承兑的远期汇票或确认的迟期付款，我公司将无权以任何理由要求贵行止付。

六、按上述承诺，贵行在对外付款时，有权主动借记我公司账下款项，也有权主动贷款付汇或采取其他任何方式的垫付，我公司将无条件承担由此而产生的债务、利息和费用等。

七、我公司同意贵行按国际商会第 500 号出版物《跟单信用证统一惯例》办理该信用证的开立、修改、审单、付款、承兑等业务。

八、该信用证如因邮寄、电讯传递发生遗失、延误、错漏，贵行概不负责。

九、我公司在收到贵行开出的信用证的副本后，及时核对，如有与所列条款不符之处，将在收到副本后的两个工作日内书面通知贵行更正。

十、本申请书适用于英文填写。如用中文填写而引发歧义，贵行概不负责。

十一、因信用证申请书字迹不清或词义含混而引起的一切后果由我公司负责。

银行审核意见：	申请人签章：（德尚公司章）
经办：	开户行及账号：中国银行江苏分行 01100219203052001
复核：	申请人地址：南京市管家桥 85 号华荣大厦 2901 室
审批：	联系电话：025－47150045 联系人：胡爱玲
日期：	日期：2016－03－21

附件 5

购汇/用汇申请书

中国银行＿＿江苏＿＿分（支）行：　　　　　　银行业务编号：25330208

我公司为执行第＿＿DS1032E＿＿号合同项下对外支付，需向贵行购汇。现按外汇局有关规定向贵行提供下述内容所附文件，请审核并按实际付汇日牌价办理售汇。所需人民币资金从我公司＿＿＿＿＿＿号账户中支付。

1. 购汇金额：JPY1 728 600.00
2. 用　　途：☑进口商品　□从属费用　□索退赔款　□其他
3. 支付方式：☑信用证　□代收　□汇款　（□货到付款　□预付货款）
4. 商品名称：空调附件
5. 数　　量：
6. 合 同 号：　　　　　　　　金额：
7. 发 票 号：　　　　　　　　金额：
8. □一般进口商品，无须批文

   □控制进口商品，批文随附如下：

   □进口证明　☑许可证　□登记证明　□其他批文

   批文号码：　　　　　　　　批文有效期：
9. 附　　件：□批文　□合同/协议　□发票　□正本提单

   □报关单　□运费单/收据　□保险费收据

   □佣金单　□关税证明　□仓单　□其他

申请单位＿＿＿＿（盖章）

2016 年 3 月 21 日

第三联：客户留存

银行审核意见：同意用汇 JPY1 728 600.00

上述内容与随附文件/凭证描述相符，拟按申请书要求办理售汇。

经办人：王笑宁　　　　复核人：（复核人章）　　　　核准人：

售汇日期：2016－03－22　　　　　　　　　　　　　经办人：

（加盖售汇专用章）

附件 6

国际货物运输代理业专用发票
INTERNATIONAL FREIGHT FORWARDING SPECIAL INVOICE

存根联

REFERENCE

苏地（02014）字№ 0475702

开户银行名称：中国银行江苏分行

账号：01100299208093021

BANK ACCOUNT：

付款单位 PAYER 南京德尚贸易有限公司　　开票日期 DATE ISSUED 2016-03-22

船名/航次/航班/车次 VESSEL/VOY./FRT/TRAIN NO. TRADE HOPE 0229　　提（运）单号 B/L NO. BSNK7201　　开航日期 DATE SAILED 2016-03-22

起运港 LOAD. PORT NAGOYA, JAPAN　　卸货港 DIS. PORT NANJING, CHINA　　目的港 DESTINATION

收费内容（货物名称，数量，单价）PARTICULARS（DESCRIPTION，QUANTITY，UNIT PRICE）		金额 AMOUNT	备注 REMARKS
GVDU2027764/201344　FCL 海洋运费：		170.00	
金额合计（大写）TOTAL IN CAPITAL	美元 USD 壹佰柒拾元整	合计 LUMP SUM USD 170.00	

第一联　留存备查

企业签章 BUSINESS SEAL

（南京外代盖发票专用章）

工商登记号：320528081 BUSINESS REGISTER NO.

税务登记号：320029132283205 TAX REGISTER NO.

复核 CHECKED BY　　制单 ISSUED BY

（手开无效）HAND WRITING NULL AND VOID

附件 7

M/S.　NANJING DESUN TRADING CO.，LTD
HUARONG MANSION RM2901 NO. 85
GUANJIAQIAO，NANJING 210005，CHINA　　　DATE：MAR. 27，2016

SHIPPING ADVICE

INVOICE NO.：	MM-32402
ORDER NO.：	MAC-213
TERM：	L/C AT SIGHT
CREDIT NUMBER：	LC340149
GOODS NAME：	+GOODS：MITSUBISHI DAIYA PACKAGED AIR CONDITIONER（INDOOR UNIT）PARTS
QUANTITY：	144 SETS（174 PACKAGES）
WEIGHT：	2 994 KGS
VALUE OF SHIPMENT：	JPY1 728 600.00
NAME OF VESSEL：	"TRADE HOPE"
DATE：	MAR. 27，2016
ETA：	MAR. 31，2016

DOCUMENTS

COMMERCIAL INVOICE：	6
PACKING LIST/WEIGHT LIST：	3
B/L：	1 COPY
CERT. OF ORIGIN：	3
CERT. OF QUALITY/QUANTITY：	3
DECLARATION OF NON-CONIFEROUS WOOD PACKING MATERIAL：	1

REMARKS

EAST AGENT COMPANY

（Leon Chang 签名）
President

附件 8

中国人民保险公司

进口运输预约保险投保单

被保险人 南京德尚贸易有限公司

<table>
<tr><td colspan="2">保险货物项目</td><td>包装及数量</td><td>价格条件</td><td colspan="2">货价（原币）</td></tr>
<tr><td colspan="2">空调附件
MITSUBISHI DAIYA PACKAGED AIR CONDITIONER （INDOOR UNIT） PARTS</td><td>144 SETS
174 PACKAGES</td><td>FOB NAGOYA</td><td colspan="2">JPY1 728 600.00</td></tr>
<tr><td>合 同 号</td><td>DS1032E</td><td>收 货 单 位</td><td colspan="3">南京德尚贸易有限公司</td></tr>
<tr><td>货 卡 号</td><td></td><td>运输工具名称</td><td>TRADE HOPE</td><td>运费</td><td>USD170.00</td></tr>
<tr><td>开航日期</td><td>2016 年 03 月 27 日</td><td>运输线路</td><td colspan="3">自 日本名古屋 至 中国南京</td></tr>
<tr><td>投保险别</td><td>ICC CLAUSE
ALL RISKS</td><td>被保险人签章：
（德尚公司章）
2016 年 3 月 27 日</td><td colspan="3">备 注</td></tr>
</table>

附件9

Shipper
EAST AGENT COMPANY
5-8-21，MINANI-AZABU，MINATO-KU，TOKYO，JAPAN
TEL：045-662-7432　FAX：045-662-7436

B/L No. BSNK7201

SINOTRANS

中国外运江苏公司

SINOTRANS JIANGSU CO.

OCEAN BILL OF LADING

Consignee or order

TO ORDER

Notify
NANJING DESUN TRADING CO.，LTD
HUARONG MANSION RM2901 NO. 85 GUANJIAQIAO，NANJING 210005，CHINA
TEL：0086-25-47150045　FAX：0086-25-47113635

SHIPPED on board in apparent good order and condition (unless otherwise indicated) the goods or packages specified herein and to be discharged at the mentioned port of discharge or as near thereto as the vessel may safely get and be always afloat.
The weight，measure，marks and numbers，quality，contents and value，being particulars furnished by the Shipper are not checked by the Carrier on loading.
The Shipper，Consignee and the Holder of this Bill of Lading hereby expressly accept and agree to all printed，written or stamped provisions，exceptions and conditions of this Bill of Lading，including these on the back hereof.
In WITNESS whereof the number of original Bill of Lading stated below have been signed，one of which being accomplished the other(s) to be void.

Pre-carriage by	Port of loading NAGOYA，JAPAN
Vessel/Voy. No. TRADE HOPE　V. 0229	Port of transhipment
Port of discharge NANJING，CHINA	Final destination

Container seal No. or marks and Nos.	Number and kind of package	Description of goods	Gross weight (KGS)	Measurement (M^3)
N/M	"SHIPPER'S LOAD & COUNT" "SAID TO CONTAIN" 174 PAK.			
		+GOODS：MITSUBISHI DAIYA PACKAGED AIR CONDITIONER (INDOOR UNIT) PARTS		
	1 CONTAINER ************	(174PACKAGES) (42 S/K & 132 C/T)	2 994	25. 081
20'：GVDU2027764/201344		"FREIGHT COLLECT" SAY：ONE (1) CONTAINER ONLY.	ON BOARD DATE： 2016-03-27	

Freight and charges "FREIGHT TO BE COLLECTED AT DESTINATION"			REGARDING TRANSHIPMENT INFORMATION PLEASE CONTACT
Ex. rate	Prepaid at	Freight payable at NANJING，CHINA	Place and date of issue TOKYO，JAPAN
	Total prepaid	Number of original B (s) /L THREE (3)	Signed for or on behalf of the Master SINOTRANS JAPAN SHIPPING CO.，LTD AS AGENT FOR CARRIER SINOTRANS JIANGSU CO. (章) As Agent

(SINOTRANS STANDARD FORM 6) SUBJECT TO THE TERMS AND CONDITIONS ON BACK

附件 10

EAST AGNET COMPANY

5-8-21，MINANI-AZABU，MINATO-KU，TOKYO，JAPAN

TEL：045－662－7432
FAX：045－662－7436

INVOICE

M/S.	NANJING DESUN TRADING CO.，LTD HUARONG MANSION RM2901 NO. 85 GUANJIAQIAO, NANJING 210005，CHINA		INVOICE NO.：MM-32402 DATE：MAR. 27，2016 YOUR ORDER NO.：MAC-213
SHIPPED PER S. S. /M. S.	"TRADE HOPE" SAILING ON OR ABOUT MAR. 27，2016		PARTIAL：COMPLETE INSURANCE NO.：
FROM	NAGOYA TO NANJING		YOUR I/L NO.：
INSURANCE	L/C AT SIGHT		
TERMS：	L/C NO. LC340149 CONTRACT NO. DS1032E		

MARKS & NOS.	DESCRIPTION	QUANTITY	UNIT PRICE	AMOUNT
N/M	+GOODS：			
	MITSUBISHI DAIYA PACKAGED AIR CONDITIONER (INDOOR UNIT)			FOB NAGOYA
	PARTS：			
	FDTJ56HKXE2	30 SETS	@JPY23 460	JPY703 800
	FUDMJ56HKXE2	42 SETS	@JPY24 400	JPY1 024 800
	RCD-HKX-S-E2	30 SETS	-free of charge-	
	RCD-HKX-E2	42 SETS	-free of charge-	
	TOTAL：174 PACKAGES	144 SETS (174 PCS)		JPY1 728 600

EAST AGENT COMPANY

(Leon Chang 签名)

President

附件 11

EAST AGNET COMPANY

5-8-21，MINANI-AZABU，MINATO-KU，TOKYO，JAPAN

TEL：045－662－7432
FAX：045－662－7436

PACKING LIST/WEIGHT LIST

M/S.　NANJING DESUN TRADING CO.，LTD
HUARONG MANSION RM2901 NO. 85 GUANJIAQIAO，
NANJING 210005，CHINA

INVOICE NO.：MM-32402
DATE：MAR. 27，2016
YOUR ORDER NO.：MAC-213

SHIPPED PER S. S. /M. S.　"TRADE HOPE"

MARKS & NOS.	DESCRIPTION	QUANTITY	WEIGHT NET	WEIGHT GROSS	MEASUREMENT
N/M	+GOODS： MITSUBISHI DAIYA PACKAGED AIR CONDITIONER（INDOOR UNIT） PARTS -Details are as per the attached sheet- （144 SETS，174 PCS）		Kgs	Kgs	M^3

TOTAL：174 PACKAGES　NET W/T：2 262 KGS　GROSS W/T：2 994 KGS & 25.081 M^3

EAST AGENT COMPANY

（Leon Chang 签名）

President

附件 12

MAY TABLE

(ATTACHED SHEET)

C/NO.	—C/NO.	PACKAGE	P/STYL	MODEL	@Q'TY	Q'TY	(L)	(W)	(H)	@ m^3	@NET	@GRS	TTL NET	TTL GRS	TTL M^3
1	42	42	SKID	FDUMJ56HKXE2	1	42	97	82	41	0. 326 114	30	40	1 260	1 680	13. 697
1	30	30	DARTON	FDTJ56HKXE2	1	30	90	90	28	0. 226 800	24	31	720	930	6. 804
1	30	30	CARTON	T-PSA-32W-E	1	30	104	103	14	0. 149 968	7	8	210	240	4. 499
1	30	30	CARTON	RCD-HKX-S-E2	1	30	15	15	5	0. 001 125	1	2	30	60	0. 034
1	42	42	CARTON	RCD-HKX-E2	1	42	15	15	5	0. 001 125	1	2	42	84	0. 047
TOTAL:		**174**				**174**							**2 262**	**2 994**	**25. 081**

(144 SETS)

附件 13

MITSUBISHI HEAVY INDUSTRIES CO. , LTD

3-1, ASAHIMACHI NISHIBIWAJIMA-CHO,
NISHI-KASUGAI-GUN AICHI, JAPAN

TELEPHONE (052) 503-9207
FAX (052) 503-2638
DATE: MAR. 27, 2016

TO WHOM IT MAY CONCERN,

CERTIFICATE OF ORIGIN

COMMODITY: +GOODS:
MITSUBISHI DAIYA PACKAGED
AIR CONDITIONER (INDOOR UNIT) PARTS:

FDTJ56HKXE2	30
FUDMJ56HKXE2	42
RCD-HKX-S-E2	30
RCD-HKX-E2	42

WE CERTIFY THE ABOVE MENTIONED GOODS ARE JAPANES ORIGIN.

MITSUBISHI HEAVY INDUSTRIES CO. , LTD
(Masakazu Takehara 签名)

Masakazu Takehara, Manager
Overseas Sales Group
Sales Operations
Air-conditioning & Refrigeration Systems Headquarters

附件 14

MITSUBISHI HEAVY INDUSTRIES CO., LTD.

3-1, ASAHIMACHI NISHIBIWAJIMA-CHO,
NISHI-KASUGAI-GUN AICHI, JAPAN

TELEPHONE (052) 503-9207
FAX (052) 503-2638
DATE: MAR. 27, 2016

TO WHOM IT MAY CONCERN,

CERTIFICATE OF QUALITY & QUANTITY

COMMODITY: +GOODS:
MITSUBISHI DAIYA PACKAGED
AIR CONDITIONER (INDOOR UNIT) PARTS:

FDTJ56HKXE2	30
FUDMJ56HKXE2	42
RCD-HKX-S-E2	30
RCD-HKX-E2	42

WE CERTIFY THAT THE ABOVE MENTIONED GOODS WERE MANUFACTURED IN ACCORDANCE WITH OUR MANUFACTURING STANDARD, INSPECTED PER OUR QUALITY CONTROL PROCEDURE AND CONFIRMED THEIR SUFFICIENT QUALITY AND QUANTITY.

MITSUBISHI HEAVY INDUSTRIES CO., LTD

(Masakazu Takehara 签名)

Masakazu Takehara, Manager
Overseas Sales Group
Sales Operations
Air-conditioning & Refrigeration Systems Headquarters

附件 15

EAST AGNET COMPANY

5-8-21，MINANI-AZABU，MINATO-KU，TOKYO，JAPAN

TEL：045－662－7432
FAX：045－662－7436

Declaration of Non-coniferous Wood Packing Material

DATE：MAR. 27，2016

To the Service of China Entry & Exit Inspection and Quarantine：

It is declared that all wood packing materials in this shipment
container No. GVDU2027764
are made of non-coniferous trees.

EAST AGENT COMPANY

（Leon Chang 签名）

President

附件16

ADVICE OF BILL ARRIVAL
进口信用证项下到单通知

中国银行 BANK OF CHINA

TO：NANJING DESUN TRADING CO.，LTD　　DATE：2016－04－01
致：南京德尚贸易有限公司　　USER ID：NIML

Contract No.：DS1032E 合同号	Draft Amount：JPY1 728 600 单据金额
L/C No.：LC340149 信用证号	Nego. BK. Chg.： 议付行费用
AB No.：AB340201 单据编号	Comm-Benf.：0 应收国外手续费
Tenor Type：AT SIGHT 即期/远期	C/P-Benf.：0 应收国外电报费
Maturity Dt.： **到期日**	Dis. Fee：0 不符点费
Negotiating Bank：SUMITOMO MITSUI BANKING 议付行　CORPORATION，TOKYO	Tax Refund/Penalty： 退税/罚金
Doc. Mail Dt.：2016－03－29 寄单日期	**Net Pay Amt.：** **实际付款金额**
Payment A/C：01100219203052001 **付款账户**	Overdrawn Amt.：JPY0 超支金额

DISCREPANCIES（IF ANY）：
单据不符点

REMARKS：
备注：（客户）

NOTE：WE SHALL EFFECT PAYMENT AS PER CREDIT TERMS IN CASE THAT NO INFORMATION IS RECEIVED FROM YOU BEFORE 2016－04－09.

2016年4月9日，我行将对外付款。

BANK OF CHINA
JIANGSU BRANCH
（章）

附件 17

中国银行
BANK OF CHINA

承付/拒付通知书

NIML

TO：BANK OF CHINA JIANGSU BRANCH　　　　　　　　　　DATE：
致：中国银行江苏分行　　　　　　　　　　　　　　　　日期：

AB No.：AB340201 **单据编号**	Draft Amount：JPY1 728 600 单据金额
L/C No.：LC340149 信用证号	Nego. BK. Chg.： 议付行费用：
Doc. Mail Dt.：2016－03－29 寄单日期	Comm-Benf.：0 应收国外手续费
Contract No.：DS1032E 合同号	C/P-Benf.：0 应收国外电报费
Tenor Type：AT SIGHT 远期期限	Dis. Fee.：0 不符点费
Maturity Dt.： **到期日**	Tax Refund/Penalty： 退税/罚金
Payment A/C：01100219203052001 **付款账户** **Net Payment Amount：（实际付款金额）**	Overdrawn Amt.：JPY0 超支金额

WE ARE IN RECEIPT OF THE AB ADVISE OF DOCUMENTS UNDER THE ABOVE MENTIONED ITEMS WHICH ARE

上述项下的到单通知书业已收悉，我司

☑ ACCEPTABLE TO US AND YOU ARE REQUESTED TO EFFECT PAYMENT ACCORDINGLY.
同意付款。

☐ NOT ACCEPTABLE TO US OWING TO THE FOLLOWING REASONS.
拒绝付款。

DISCREPANCY（IES）： 不符点

附：

主要 单据 （份数）	发票 INVOICE 6	保险单	提单 B/L 3				

开证申请人
（签字盖章处）

附件 18

中国外运江苏公司

SINOTRANS JIANGSU CORP. **No. 0017670**

到货通知书

ARRIVAL NOTICE

2016 年 3 月 31 日

收货人：南京德尚贸易有限公司

地　址：

您单位下列进口货物已抵港，请速凭本提单来我司办理提货手续。

收货人开户银行账号			
船名 TRADE HOPE	航次 0229	起运港 NAGOYA	目的地 32019
提单号 BSNK7201	交付条款	海运费 到付	合同号
卸货地点 NICC	抵港日期 2016/03/31	进库场日期	第一程运输

货名		集装箱号/铅封号	
集装箱数	1×20′	GVDU2027764/201344	
件数	174		
重量（kgs）	2 994		
体积（m^3）			
标　志			

以上货物已运抵港，请持正本提单及有关单证来我司办理提货手续。为了不影响提货以及避免不必要的经济损失，请注意下列事项：

1. 请确认正本提单背书是否完整。
2. 请核对到货通知书的内容和正本提单是否一致，如有不符请立即和我司联系。
3. 如此货已做电放，请在提单复件背书确定身份的同时出具收货人盖有公章的保函。
4. 货物抵港后如未及时提货（通常为普通箱 10 天，特种箱 7 天）将收取相应的集装箱超期使用费。
5. 根据海关的有关规定，收货人应在货物进境之日起 14 天内向海关申报，到期未申报的由海关征收相应的滞报金。超过 3 个月未向海关申报的，其进口货物由海关没收。
6. 如需委托我司代为报关、转运服务，请及时和我司联系。

地址：南京市中华路 129 号外运大厦　　　　邮编：210001

电话：025-2306999

传真：025-2267822

附件 19

进出口货物代理报关委托书

编号：

委托单位	南京德尚贸易有限公司	十位编码	113438589-8
地　　址	南京市管家桥 85 号华荣大厦 2901 室	联系电话	025-47150045
经 办 人	胡爱玲	身份证号	

我单位委托　**中国南京外轮代理公司**　代理以下进出口货物的报关手续，保证提供的报关资料真实、合法，与实际货物相符，并愿承担由此产生的法律责任。

货物名称	空调附件	商品编号	84158300	件　　数	174 PACKAGES
重　　量	2 994 KGS	价　　值	JPY1 728 600.00	币　　制	JPY
贸易性质	一般贸易	货物产地	日本	合 同 号	DS1032E
是否退税	否	船名/航次	TRADE HOPE　V.0229		
委托单位开户银行	中国银行江苏分行	账　　号	077710808100074523		

随附单证名称、份数及编号：

1. 合同　　1 份
2. 发票　　1 份
3. 装箱清单　　2 份
4. 登记手册　　本，编号：
5. 许可证　　1 份，编号：20313768
6. 机电证明　　份，编号：
7. 商检证　　份
8. 海运提单　　3 份
9. 其他证明　　3 份
10.

（以上内容由委托单位填写）

被委托单位		十位编码	
地　　址		联系电话	
经 办 人		身份证号	

（以上内容由被委托单位填写）

代理（专业）报关企业章及法人代表章		委托单位章及法人代表章	

2016 年 4 月 1 日

附件 20

报 检 委 托 书

南京市 出入境检验检疫局：

本委托人声明，保证遵守《中华人民共和国进出口商品检验法》《中华人民共和国进出境动植物检疫法》《中华人民共和国国境卫生检疫法》《中华人民共和国食品卫生法》等有关法律、法规的规定和检验检疫机构制定的各项规章制度。如有违法行为，自愿接受检验检疫机构的处罚并负法律责任。

本委托人所委托受委托人向检验检疫机构提交的“报检单”和随附各种单据的内容是真实无讹的。具体委托情况如下：

本单位将于 2016 年 4 月间进/出口如下货物：

品　　名：空调附件

数（重）量：174 件

合 同 号：DS1032E

信用证号：LC340149

特委托 中国南京外轮代理公司 （地址：南京市中山北路 330 号）代表本公司办理本批货物所有的检验检疫事宜，请贵局按有关法律规定予以办理。

委托单位名称（盖章）：	受委托单位名称（盖章）：
单位地址：南京市管家桥 85 号华荣大厦 2901 室	单位地址：南京市中山北路 330 号
邮政编码：210005	邮政编码：210003
法人代表：张亮	法人代表：姜小荣
本批货物业务联系人：胡爱玲	本批货物业务联系人：王宁
联系电话（手机）：025-47150045	联系电话（手机）：025-87562897
企业性质：私营	企业性质：全民
日　　期：2016 年 4 月 1 日	日　　期：2016 年 4 月 1 日

本委托书有效期至 2016 年 4 月 30 日

附件 21

中国外运江苏公司

SINOTRANS JIANGSU CORP.　　No. 0017670

提 货 单

DELIVERY ORDER

2016 年 3 月 31 日

收货人：南京德尚贸易有限公司　　致：＿＿＿＿港区、场、站

下列货物已办妥手续，运费结清，准予交付收货人。

收货人开户银行账号			
船名 TRADE HOPE	航次 V. 0229	起运港 NAGOYA	目的地 32019
提单号 BSNK7201	交付条款	海运费 到付	合同号
卸货地点 NICC	抵港日期 2016－03－31	进库场日期	第一程运输

货名		集装箱号/铅封号	
集装箱数	1×20′	GVDU2027764/201344	
件数	174		
重量（kgs）	2 994		
体积（m^3）			
标　志			

请核对发货。

收货人章	海关章		
1	2	3	4
5	6	7	8

附件 22

中国外运江苏公司

SINOTRANS JIANGSU CORP.　　**No. 0017670**

费用账单（一）

DELIVERY ORDER

2016 年 3 月 31 日

收货人：南京德尚贸易有限公司　　致：＿＿＿＿港区、场、站

收货人开户银行账号			
船名 TRADE HOPE	航次 V. 0229	起运港 NAGOYA	目的地 32019
提单号 BSNK7201	交付条款	海运费 到付	合同号
卸货地点 NICC	抵港日期 2016－03－31	进库场日期	第一程运输

货名		集装箱号/铅封号	
集装箱数	1×20′	GVDU2027764/201344	
件数	174		
重量（kgs）	2 994		
体积（m³）			
标　志			

费用名称	计费吨	单价	金额	计费吨	单价	金额	
港务费							（收货人章）
港建费							
堆存费							（收款单位财务章）
装卸费							（港区、场、站受理章）
拆箱费							
装　车 码垛费							（核算章）（复核章）
其　他							
合　计							开单日期

附件 23

中国外运江苏公司

SINOTRANS JIANGSU CORP.　　　**No. 0017670**

交货记录

DELIVERY ORDER

2016 年 3 月 31 日

收货人：南京德尚贸易有限公司　　　　致：＿＿＿＿＿＿港区、场、站

收货人开户银行账号			
船名 TRADE HOPE	航次 V. 0229	起运港 NAGOYA	目的地 32019
提单号 BSNK7201	交付条款	海运费 到付	合同号
卸货地点 NICC	抵港日期 2016－03－31	进库场日期	第一程运输

货名		集装箱号/铅封号	
集装箱数	1×20′	GVDU2027764/201344	
件数	174		
重量（kgs）	2 994		
体积（m³）			
标　志			

交　货　记　录

日期	货名或集装箱号	出库数量			操作过程	尚存数		经手人签名	
		件数	包装	重量		件数	重量	发货员	提货人

备注	（收货人章）	（港区、场、站受理章）

附件 24

中华人民共和国出入境检验检疫
入境货物报检单

报检单位（加盖公章）：　　　　　　　　　　　　　　　　　　　　＊编　　号 ________

报检单位登记号：　　　　　联系人：　　　　　电话：　　　　　报检日期：2016 年 4 月 3 日

收货人	（中文）南京德尚贸易有限公司	企业性质（划“√”）	□合资□合作□外资
	（外文）NANJING DESUN TRADING CO.，LTD		
发货人	（中文）		
	（外文）EAST AGENT COMPANY		

货物名称（中/外文）	H. S. 编码	原产国（地区）	数/重量	货物总值	包装种类及数量
空调附件 AIR CONDITIONER （INDOOR UNIT） PARTS	84158300	日本	72 台	JPY1 728 600.00	PACKAGE

运输工具名称号码	TRADE HOPE V. 0229	合同号	DS1032E

贸易方式	一般贸易	贸易国别（地区）	日本	提单/运单号	BSNK7201
到货日期	2016－03－31	起运国家（地区）	日本	许可证/审批号	20313768
卸毕日期	2016－03－31	起运口岸	名古屋	入境口岸	南京
索赔有效期至		经停口岸		目的地	
集装箱规格、数量及号码	20′×1				
合同订立的特殊条款以及其他要求				货物存放地点	
				用　途	

随附单据（划“√”或补填）		标记及号码	＊外商投资财产（划“√”）	□是　□否
☑合同	□到货通知	N/M	＊检验检疫费	
☑发票	☑装箱单			
☑提运单	□质保书		总金额（人民币元）	
□兽医卫生证书	□理货清单			
□植物检疫证书	□磅码单			
□动物检疫证书	□验收报告		计费人	
□卫生证书	☑非木质包装证明			
□原产地证	□		收费人	
☑许可/审批文件	□			

报检人郑重声明：	领 取 证 单	
1. 本人被授权报检。	日期	
2. 上列填写内容正确属实。 签名：________	签名	

说明：带“＊”号栏由出入境检验检疫机关填写。　　　　　　◆国家出入境检验检疫局制

附件 25

中华人民共和国海关进口货物报关单

预录入编号：　　　　　　　　　　　　　　　　海关编号：

收发货人 3201910251（320205134983859） 南京德尚贸易有限公司	进口口岸 南京海关	进口日期 2016-03-31	申报日期 2016-04-03
消费使用单位 3201910251（320205134983859） 南京德尚贸易有限公司	运输方式 水路运输	运输工具名称 TRADE HOPE	提运单号 BSNK7201
申报单位 3201910251（320205134983859） 南京德尚贸易有限公司	监管方式 一般贸易（0110）	征免性质 一般征税（0101）	备案号

贸易国（地区） 日本（0116）	启运国（地区） 日本（0116）	装货港 名古屋（1287）	境内目的地 南京（32019）

许可证号 20313768	成交方式 FOB	运费 502/170.00/3	保费 502/0.30/1	杂费 000/0.00/
合同协议号 DS1032E	件数 174	包装种类 PACKAGE	毛重（千克） 2 994	净重（千克） 2 262

集装箱号	随附单证

标记唛码及备注

自动进口 入境货物

品牌：MITSUBISHI　　　O：3200—2002—13248

项号	商品编号	商品名称、规格型号	数量及单位	原产国（地区）	单价	总价	币制	征免
01	84158300.00	*空调附件 AIR CONDITIONER （INDOOR UNIT）PARTS	72台	日本	24008.33	1 728 600.00	JPY	照章

特殊关系确认：否　　　　价格影响确认：否　　　　支付特许权使用费确认：否

录入员　录入单位	兹申明对以上内容承担如实申报、依法纳税之法律责任	海关批注及签章
报关人员 申报单位（签章）		

附件 26

费 用 清 单

To：张亮经理
From：王哲戟
Date：2016-04-10

以下为南京德尚“空调附件”费用清单：

换单费：	200	报关服务费：	1 500
海运费：	1 445	港杂费：	320
THC 费：	370	拆箱费：	650
税金：	41 678.46	拆箱装卸费：	250
三检费：	597	换单手续费：	100
动卫检：	150	三检服务费：	150
美元运费手续费：	100	拆箱理货费：	70
		还箱费：	500
		拆箱服务费：	300
		港区计划费：	500
		拆箱吊机费：	300
		保险费：	300
TOTAL	44 540.46		4 940
合计：	49 480.46		

实训项目

【企业背景资料】

企业名称：台州市华泰国际贸易有限公司

英文名称：HUATAI INTERNATIONAL TRADE CO.，LTD

地址：台州市椒江区东海大道 288 号

联系电话：0576-85365248

法人代表：鲍如何

注册资金：伍佰万元整

企业类型：有限责任公司

经营范围：国内贸易、国际贸易

组织机构代码：756050XX-8

纳税人识别号：331001753984219

开户银行：中国银行台州分行

需要缴纳的税种：增值税，税率为 17%，出口退税率为 13%
城市维护建设税，税率为 7%
教育费附加，税率为 3%
企业所得税，税率为 25%

记账本位币：人民币

外币户余额表

账面汇率：6.25

会计科目	原币金额（美元）	人民币金额（元）
银行存款——美元户	192 000	1 200 000
应收外汇账款	14 544	90 900
应付外汇账款	3 584	22 400

期末汇兑损益采用集中结转法。

【要求】根据以下原始凭证制作记账凭证。

1－1

重庆增值税专用发票

（全国统一发票监制 重庆 国家税务总局监制）

44140256210　　发 票 联　　**No. 2530685974**

开票日期：2016－11－02

购买方	单 位 名 称：台州市华泰国际贸易有限公司 纳税人识别号：331001753984219 地 址 及 电 话：台州市椒江区东海大道288号 0576-85365248 开户行及账号：中国银行台州分行 1207021209200060719	密码区	6156＜83＞065＞＋4＊＞05＋－6 加密版本：017＜41＞8302392096＞45＊6－ 44140256210 38/＞80229＜＊6611＞－6－86 212500180 913＊0863＞813/4＞＞89＜79

货物或应税劳务、服务名称	规格型号	单位	数量	单价	金额	税率	税额
男时装		套	2 500	40.00	100 000.00	17%	17 000.00
					¥100 000.00		¥17 000.00
价税合计（大写）	壹拾壹万柒仟元整				（小写）¥117 000.00		

转账付讫

销售方	单 位 名 称：重庆市服装厂 纳税人识别号：547987545546456 地 址 及 电 话：重庆市天府区钟山大道25号 023－57845001 开户行及账号：中国银行重庆支行 4864478678645600	备注	

收款人：何慧娟　　复核：林之谦　　开票人：刘敏　　销售方：（章）

（重庆市服装厂 547987545546456 发票专用章）

第三联：发票联　购买方记账凭证

1－2

农村信用合作社

转账支票存根

Ⅵ Ⅳ 00680325

科　　目：＿＿＿＿＿＿

对方科目：＿＿＿＿＿＿

出票日期　2016年11月02日

收款人：	台州市速达物流公司
金　额：	¥500.00
用　途：	运费

单位主管　　会计

1-3

公路、内河货物运输业统一发票

发票联

发票代码 3700000××××
发票号码 370××××

开票日期 2016-11-02

机打代码 机打号码 机器编号	211006122240 008205658 009018898250	税控码	5454-+>4521<<54100<458> ++545110445*6-38/>80229<*6 611>-6-86 913*0863>813/4>
收货人及 纳税人识别号	台州市华泰国际贸易有限公司 331001753984219	承运人及 纳税人识别号	台州市速达物流公司 332601000003839
发货人及 纳税人识别号	重庆服装厂 547987545546456	主管税务 机关及代码	台州市地税局椒江分局 4504504100211
运输项目及金额	运费 CNY500.00	其他项目及金额	
运费小计	¥500.00	其他费用小计	
合计（大写）	伍佰元整		（小写）¥500.00

第一联 发票联 付款方记账凭证 手写无效

承运人盖章 开票人：李丽

（印章：台州市速达物流公司 332601000003839 发票专用章）

1-4

中国银行 BANK OF CHINA

中国银行 电汇凭证（回 单） ①

委托日期：2016年11月2日

□普通 □加急

汇款人	全称	台州市华泰国际贸易有限公司	收款人	全称	重庆市服装厂
	账号	1207021209200060719		账号	4864478678645600
	汇出地点	浙江省台州		汇入地点	重庆市
汇出行名称		中国银行台州分行	汇入行名称		中国银行重庆支行

金额	千	百	十	万	千	百	十	元	角	分
人民币（大写）壹拾壹万柒仟元整		¥	1	1	7	0	0	0	0	0

支付密码

附加信息及用途：

汇出行签章 复核 记账

（印章：中国银行台州分行 2016-11 业务讫 5）

此联为汇出行给汇款人的回单

2-1

入 仓 单

验收部门：储运部门　　　　2016年11月5日　　　　结算方式：

品　名	规　格	单　位	应　收	实　收	金额（元）
男时装		套	2 500	2 520	
合　计			2 500	2 520	

主管：　　会计：　　收货：李四　　采购：　　制单：张三

3-1

重庆增值税专用发票

44140256211　　　　发　票　联　　　　No. 2530685975

（全国统一发票监制章 重庆 国家税务总局监制）

开票日期：2016-11-06

购买方	单位名称：台州市华泰国际贸易有限公司 纳税人识别号：331001753984219 地址及电话：台州市椒江区东海大道288号 0576-85365248 开户行及账号：中国银行台州分行 1207021209200060719	密码区	6156＜83＞065＞＋4＊＞05＋－6 加密版本：017＜41＞8302392096＞ 45＊6－ 44140256210 38/＞80229 ＜＊6611＞－6－86 2530695874 913＊0863＞813/4＞＞89＜79

货物或应税劳务、服务名称	规格型号	单位	数量	单价	金额	税率	税额
男时装		套	20	40.00	800.00	17%	136.00
					¥800.00		¥136.00
价税合计（大写）	玖佰叁拾陆元整					（小写）	¥936.00

销售方	单位名称：重庆市服装厂 纳税人识别号：547987545546456 地址、电话：重庆市天府区钟山大道25号 023-57845001 开户行及账号：中国银行重庆支行 4864478678645600	备注	

第三联：发票联　购买方记账凭证

收款人：何慧娟　　复核：李丽　　开票人：刘敏　　销售方：（章）

（重庆市服装厂 547987545546456 发票专用章）

4-1

出 仓 单

验收部门：储运部门　　　　2016年11月7日　　　　结算方式：

品　名	规　格	单　位	应　发	实　发	金额（元）
男时装		套	2 520	2 520	
合　计			2 520	2 520	

主管：　　会计：　　发货：李四　　采购：　　制单：张三

5－1

浙江省出口商品专用
EXCLUSIVELY USED FOR EXPORT IN ZHEJIANG

全国统一发票监制章 地方税务总局监制

发票
INVOICE

发票代码 121020661000
发票号码 00306800

购货单位 THE BUYER：Japan Yongda Company Limited
发票号 INVOICE NO.：08LR01－1　合同号 CONTRACT NO.：SC200B1202
起运 FROM：TAIZHOU　到达 TO：TOKYO
开票日期 INVOICE DATE：NOV. 8，2016

唛头 SHIPPING MARK	货物名称 DESCRIPTION	规格 SPECIFICATIONS	数量 QUANTITY	总价 UNIT PRICE	金额 AMOUNT
TOKYO TAIZHOU NO. 1－100	Male fashion		2 520 pieces 100 cartons	USD60 CIF	USD151 200

台州市华泰国际贸易有限公司 331001753984219 发票专用章

销货单位：HUATAI INTERNATIONAL TRADE CO.，LTD.　备注 REMARKS：
THE SELLER：
开户银行及账号：BANK OF CHINA TAIZHOU BRANCH 1207021209200060719
THE OPENING BANK AND ACCOUNT NO.：
信用证号及日期：
NO. &DATE OF L/C：
税号：331001753984219
TAX NO.：
地址：288 DONGHAI AVENUE，JIAOJIANG DISTRICT，TAIZHOU，CHINA
ADDRESS：
＊发票为机打发票，手写无效

5-2

TO：

DATE：

<table>
<tr><td colspan="2">承购商：
Singapore Wo Industrial Company</td><td colspan="3">台州市华泰国际贸易有限公司
货物出仓通知单</td></tr>
<tr><td colspan="2" rowspan="4">提货人（CONSIGNEE）
TO ORDER</td><td colspan="3">制单日期：</td></tr>
<tr><td colspan="3">委托号：0335258</td></tr>
<tr><td colspan="3">信用证号：022IML20051588</td></tr>
<tr><td colspan="3">合同号：03TA4105</td></tr>
<tr><td colspan="2" rowspan="4">提单通知人（NOTIFY）
Japan Yongda Company Limited TOKYO</td><td colspan="2">国别：CHINA</td><td>目的港：TOKYO</td></tr>
<tr><td colspan="2">交货条件：CIF TOKYO</td><td>可否分批：</td></tr>
<tr><td colspan="2">装期：2016-11-12</td><td>有效期：</td></tr>
<tr><td colspan="2">产地：台州</td><td>存放地：</td></tr>
<tr><td>总个数：
2 520 套</td><td>总毛重：KGS
150.00</td><td colspan="2">总净重：KGS
120.00</td><td>总容量：M^3</td></tr>
<tr><td>唛头</td><td>货物描述</td><td>数量</td><td>单价</td><td>总值</td></tr>
<tr><td>SHIPPING MARKS：
TOKYO
TAIZHOU
NO. 1-100</td><td>Male fashion</td><td>2 520 pieces</td><td>USD60 CIF</td><td>USD151 200</td></tr>
<tr><td colspan="5">重要条款：1. 集装箱在场地停放期间不能接受阳光直接暴晒。
2. 集装箱在各运程船运期间必须放在吃水线下远离热源的位置。</td></tr>
</table>

委托号：0335258　　PACE 1 OF 02

6-1

出 仓 单

验收部门：储运部门　　　　2016年11月7日　　　　结算方式：

名称	规 格	单 位	应 发	实 发	金额（元）
男时装		套	2 520	2 520	100 800.00
合 计			2 520	2 520	100 800.00

主管：　　会计：　　发货：李四　　采购：　　制单：张三

7-1

应 退 税 费 计 提 表

序 号	出口日期	商品名称	计量单位	美元离岸价	出口数量	出口进货金额	退税率（%）	应退增值税税额
合 计								

主管：　　会计：　　制单：

8-1

农村信用合作社
转账支票存根
Ⅵ 00680325

科　　目：
对方科目：
出票日期　2016年11月7日

收款人：	台州市速达物流公司
金　额：	¥7 500.00
用　途：	运杂费

单位主管　　会计

8－2

公路、内河货物运输业统一发票

全国统一发票监制章 浙江省 国家税务局监制

发票联

发票代码 3700000××××

发票号码 370××××

开票日期 2016－11－7

机打代码 机打号码 机器编号	211006122240 008205658 009018898250	税控码	5454－＋>4521<＜54100＜458> ＋＋545110445＊6－38/>80229<＊6 611>－6－86 913＊0863>813/4>
收货人及 纳税人识别号	台州市华泰国际贸易有限公司 331001753984219	承运人及 纳税人识别号	台州市速达物流公司 332601000003839
发货人及 纳税人识别号		主管税务 机关及代码	台州市地税局椒江分局 4504504100211
运输项目及金额	运输费 CNY6 000.00 装船费 CNY1 500.00	其他项目及金额	
运费小计	¥7 500.00	其他费用小计	
合计（大写）	柒仟伍佰元整		（小写）¥7 500.00

第一联 发票联 付款方记账凭证 手写无效

承运人盖章　台州市速达物流公司 332601000003839 发票专用章　　开票人：李丽

9－1

中国银行 BANK OF CHINA

外汇支款凭证

①

签发日期：2016－11－8

付款单位	全称	台州市华泰国际贸易有限公司	收款单位	全称	台州即达船务运输有限公司
	账号	1207021209200060719		账号	1025001250015466
	开户银行	中国银行台州分行		开户银行	中国银行台州分行

支款货币及金额	万	千	百	十	元	角	分
USD300.00		$	3	0	0	0	0

牌价 6.280	购汇（或结汇）货币及金额	万	千	百	十	元	角	分

附言	运费	借方科目 贷方科目
银行信息		

中国银行台州分行 2016－11 业务讫 5

台州市华泰国际贸易有限公司财务专用章　姜华

审核印鉴：　　复核：　　经办：　　（单位预留印鉴）

9-2

DEBIT ADVICE
借记通知

中国银行 BANK OF CHINA

TO：
致：HUATAI INTERNATIONAL TRADE CO.，LTD

DATE（日期）：
2016-11-8

L/C NO.：
信用证号：01112ML20047542
AB NO.：
银行流水号：

DRAFT AMT.：
单据金额：USD300.00
CONTRACT NO.：
合同号：

WITH REFERANCE TO THE CAPTIONFED ITEMS，PLEASE BE ADVISED THAT WE HAVE TODAY DEBITED YOUR ACCOUNT NO. 1207021209200060719 WITH THE FOLLOWING AMOUNT PAYMENT UNDER THE L/C ABOVE MENTINED.
我行已于今日将上述业务之下列金额借记你公司 1207021209200060719 账户。

DEDUCT AMT.：
付款金额：USD300.00

BUYING RATE：6.280　SELLING RATE：6.280　REALING RATE：6.280

BANK OF CHINA TAIZHOU BRANCH
中国银行台州分行

中国银行台州分行 2016-11 业务讫 5

9-3

国际海运业运输专用发票
SPECIAL INVOICE FOR INTERNATIONAL SHIPPING
发票联

全国统一发票监制章 国家税务总局监制

发票代码：3700000××××
发票号码：370××××

付款单位：台州市华泰国际贸易有限公司 PAYER
开票日期：2016-11-8 DATE ISSUED
开户银行：中国银行台州分行 BANK
船名/航次：YINHE PRINCESS VESSEL/VOY.
到（离）港日期：2016-11-8 DATE ARRIVAL（SAILED）
账号：1207021209200060719 BANK ACCOUNT
起运地：TAIZHOU ORIGIN
装船港：TAIZHOU LOAD. PORT
卸船港：TOKYO DIS. PORT
目的港：TOKYO DESTINATION

提单号 B/L NO.	费用明细 DETAIL'S OF CHARGE	数量 QUANTITY	费率 RATE	金额 AMOUNT CHARGED	备注 REMARKS
	运费	2 520 套		USD300.00	
金额合计（大写）TOTAL IN CAPITAL	美元叁佰元整			合计 LUMP SUM USD300.00	

第二联 发票联

企业签章 BUSINESS SEAL
营业执照号 BUSINESS LICENSE NO.
经手人 ISSUED BY
复核 CHECKED BY
地址 ADDRESS
税务登记号 TAX REGISTRY NO.
（手开无效）NOT VALID IF IN HAND WRITTEN
电话 TEL.

台州顺达船务运输有限公司 883312345678898 发票专用章

10－1

中国银行
BANK OF CHINA

外汇支款凭证

①

签发日期：2016－11－9

<table>
<tr><td rowspan="3">付款单位</td><td>全　称</td><td>台州市华泰国际贸易有限公司</td><td rowspan="3">收款单位</td><td>全　称</td><td colspan="10">中华联合财产保险公司</td></tr>
<tr><td>账　号</td><td>1207021209200060719</td><td>账　号</td><td colspan="10">1488501254522015</td></tr>
<tr><td>开户银行</td><td>中国银行台州分行</td><td>开户银行</td><td colspan="10">中国银行芳村分行</td></tr>
<tr><td colspan="5" rowspan="2">支款货币及金额
USD831.60</td><td>千</td><td>百</td><td>十</td><td>万</td><td>千</td><td>百</td><td>十</td><td>元</td><td>角</td><td>分</td></tr>
<tr><td></td><td></td><td></td><td></td><td>$</td><td>8</td><td>3</td><td>1</td><td>6</td><td>0</td></tr>
<tr><td rowspan="2">牌价</td><td rowspan="2">6.280</td><td colspan="3">购汇（或结汇）货币及金额</td><td>千</td><td>百</td><td>十</td><td>万</td><td>千</td><td>百</td><td>十</td><td>元</td><td>角</td><td>分</td></tr>
<tr><td colspan="3"></td><td></td><td></td><td></td><td></td><td></td><td></td><td></td><td></td><td></td><td></td></tr>
<tr><td>附言</td><td colspan="4">保险费</td><td colspan="10">借方科目……………
贷方科目……………</td></tr>
<tr><td colspan="15">银行信息</td></tr>
</table>

中国银行台州分行 2016-11 业务讫 5

台州市华泰国际贸易有限公司财务专用章

姜华

审核印鉴：　　复核：　　经办：　　（单位预留印鉴）

10－2

中国银行
BANK OF CHINA

DEBIT ADVICE

借记通知

TO：
致：HUATAI INTERNATIONAL TRADE CO.，LTD

DATE（日期）：
2016－11－9

L/C NO.：
信用证号：01112ML20047542
AB NO.：
银行流水号：

DRAFT AMT.：
单据金额：USD831.60
CONTRACT NO.：
合同号：

WITH REFERENCE TO THE CAPTIONED ITEMS，PLEASE BE ADVISED THAT WE HAVE TODAY DEBITED YOUR ACCOUNT NO. 1207021209200060719 WITH THE FOLLOWING AMOUNT PAYMENT UNDER THE L/C ABOVE MENTIONED.
我行已于今日将上述业务之下列金额借记你公司 1207021209200060719 账户。

DEDUCT AMT.：
付款金额：USD831.60

BUYING RATE：6.300　SELLING RATE：6.300　REALING RATE：6.300

中国银行台州分行 2016-11 业务讫 5

BANK OF CHINA TAIZHOU BRANCH
中国银行台州分行

10－3

保险业专用发票
INSURANCE TRADE INVOICE
发票联
INVOICE

开票日期
Date of Issue：2016－11－9

发票代码 3700000××××
发票号码 370××××

付款人：
Payer 台州市华泰国际贸易有限公司
承保险种：
Coverage 财产保险
保险单号：
Policy No. SRETNB-45645004
批单号：
End No.
保险费金额（大写）：
Premium Amount（In Words）美元捌佰叁拾壹元陆角整
（小写）：
（In Figures） USD831.60
代收车船税（小写）：
Vehicle & Vessel Tax（In Figures）
滞纳金（小写）
Overdue Fine
合计（大写）：
Consist（In Words） 美元捌佰叁拾壹元陆角整
（小写）：
（In Figures） USD831.60
附注：
Remarks

银行付讫

第二联 发票联 付款方留存

保险公司名称：中华联合财产保险公司
Insurance Company
复核：
Checked by
经手人：王俊
Handler
保险公司签章：
Stamped by Insurance Company
地址：台州市天河北路2563号一座
ADD.
电话：0576－25458562
TEL.
保险公司纳税人识别号：
Taxpayer Identification No.

中华联合财产保险公司 883312345678898 发票专用章

（手写无效）
Not Valid If In Hand Written

11－1

中国银行
BANK OF CHINA

DEBIT ADVICE
借记通知

TO：
致：HUATAI INTERNATIONAL TRADE CO.，LTD

DATE（日期）：
2016－11－15

L/C NO.：
信用证号：01112ML20047542
AB NO.：
银行流水号：

DRAFT AMT.：
单据金额：USD5 000.00
CONTRACT NO.：
合同号：

WITH REFERANCE TO THE CAPTIONFED ITEMS，PLEASE BE ADVISED THAT WE HAVE TODAY DEBITED YOUR ACCOUNT NO. 1207021209200060719 WITH THE FOLLOWING AMOUNT PAYMENT UNDER THE L/C ABOVE MENTINED.
我行已于今日将上述业务之下列金额借记你公司1207021209200060719账户。

DEDUCT AMT.：
付款金额：USD5 000.00

中国银行台州分行 2016-11 业务讫 5

BUYING RATE：6.25 SELLING RATE：6.25 REALING RATE：6.25

BANK OF CHINA TAIZHOU BRANCH
中国银行台州分行

11－2

INVOICE

CONSIGNEE HUATAI INTERNATIONAL TRADE CO., LTD. 288 DONGHAI AVENUE, JIAOJIANG DISTRICT, TAIZHOU, CHINA			NO. LDCE8905	DATE: NOV. 07. 2016
NOTIFY PARTY SAME AS CONSIGNEE			L/C NO. EELLC64509258 **BANK OF CHINA** **TAIZHOU BRANCH**	
PORT OF LOADING TOKYO JAPAN	VESSEL WANHANG 007			
VOYAGE NO. E0125	PORT OF DISCHARGE TAIZHOU CHINA		CONTRACT NO. MNW120061273	
MARK & NO. OF PKGS	DISCRIPTION OF GOODS	QUANTITY/ UNIT	UNIT PRICE	AMOUNT
			CIF C3% TOKYO	
TAIZHOU CHINA MADE IN JAPAN	FEMALE FASHION	100 CASES	USD50	USD 5 000. 00
FREIGHT CHARGES TO COLLECT				

SIGNED BY TANAKA CLOTHING CO., LTD
P. O. BOX 452 TOKYO, JAPAN

11 - 3

中国银行 BANK OF CHINA

外汇兑换水单 EXCHANGE MEMO

No. 44000300279

币别：人民币　钞　2016 年 11 月 13 日　流水号：44066729000100000

国籍 Nationality	护照/身份证号码：台州市华泰国际贸易有限公司 Passport No.	签字 Signature
金额 Amount	买入价 Buying	人民币金额 Net Amount in CNY
USD5 000.00	6.200	CNY31 000.00
	扣贴息 Less discount charges	CNY0.00
摘要 Particulars　购汇		CNY31 000.00
备注：　实时牌价：6.350		中国银行台州分行 2016-11 业务专用章 5
境外个人请妥善保管，在 24 个月内出境时可凭本人护照和此水单兑回外汇。For an overseas individual, please keep this memo properly. Part of unused CNY can be reconverted to foreign currency when the holder presents his/her passport and the EXCHANGE MEMO upon leaving China within 24 months.		

第一联　客户留存

406672901

11-4

海运提单

Shipper TANAKA CLOTHING CO., LTD P. O. BOX 452 TOKYO, JAPAN Consignee TO THE ORDER OF HUATAI INTERNATIONAL TRADE CO., LTD 288 DONGHAI AVENUE, JIAOJIANG DISTRICT, TAIZHOU, CHINA Notify Party SAME AS CONSIGNEE	Draft B/L **COSCO CONTAINER LINES** **ORIGINAL** **Port-Port or Transport Bill of Lading** Received by the Carrier the Total number of containers or other packages or units stated below to be transported subject to the terms and conditions of lading which shall be deemed to be incorporated herein. Our Reference NBOMAA101739

Place of Receipt	Port of Loading	Vessel Name	Voyage No.
TOKYO JAPAN	TOKYO JAPAN	WANHANG 007	E0125
Port of Discharge	**Place of Delivery**	**Final Destination**	**No. of B/L**
TAIZHOU CHINA	TAIZHOU CHINA	TAIZHOU	THREE (3)

Mark&Number	Description of Goods&Packages	Gross Weight	Measurement
TAIZHOU CHINA MADE IN JAPAN	FEMALE FASHION		

Number of Packages in words
ONE HUNDRED CASES ONLY
Freight Type
FREIGHT TO COLLECT

KINGDING EXPRESS CO., LTD
NO. 246 XIANGZHOU ROAD, ZHONGSHAN, CHINA
15-11-2016

12-1

中国银行 BANK OF CHINA

收款通知

日期：2016-11-16

交易行：44-5010　　传票号：P3471476　　日志号：5563538

付款户名：台州市欧利亚服装公司

付款账号：46540540220

付款开户行：农村信用社江北分社

收款户名：台州市华泰国际贸易有限公司

收款账号：1207021209200060719

收款开户行：中国银行台州分行

金额大写：柒万零贰佰元整

金额小写：70 200.00元

摘要：货款

备注：

中国银行台州分行 2016-11 业务讫 5

12-2

收据

No 1606863

2016年11月16日

今收到　台州市欧利亚服装公司预付女时装的货款

银行收讫

金额（大写）　⊗佰⊗拾柒万零仟贰佰零拾零元零角零分　　¥70 200.00

台州市华泰国际贸易有限公司财务专用章

收款单位（盖章）

核准：　　会计：　　记账：　　出纳：　　经手人：张敏

13－1

进口关税计提表

品　名	发票价款	国外运费	国外保险费	合　计	关税税率	汇　率	关税金额
					20%	6.26	
合　计							

13－2

进口增值税计提表

品　名	发票价款	国外运费	国外保险费	汇　率	合　计	关税金额	增值税税率	增值税金额
				6.26			17%	
合　计								

14－1

台州海关进口关税专用缴款书

收入系统：海关系统　　填发日期：2016 年 11 月 16 日　　号码 No.：078954698790

<table>
<tr><td rowspan="3">收款单位</td><td>收入机关</td><td colspan="3">中央金库</td><td rowspan="3">缴款单位</td><td>名　称</td><td colspan="3">台州市华泰国际贸易有限公司</td></tr>
<tr><td>科　目</td><td>关税</td><td>预算级次</td><td>中央</td><td>账　号</td><td colspan="3">1207021209200060719</td></tr>
<tr><td>收款国库</td><td colspan="3">浙江省人民银行金库</td><td>开户银行</td><td colspan="3">中国银行台州分行</td></tr>
<tr><td colspan="2">税　号</td><td colspan="2">货物名称</td><td>数量</td><td>单　位</td><td>完税价格（¥）</td><td>税率（%）</td><td>税款金额（¥）</td></tr>
<tr><td colspan="2">NF78450441</td><td colspan="2">女时装</td><td>100</td><td>套</td><td>[illegible]</td><td>20%</td><td>6 260.20</td></tr>
<tr><td colspan="2">金额（大写）</td><td colspan="4">陆仟贰佰陆拾元整</td><td>合计（¥）</td><td colspan="2">6 260.00</td></tr>
<tr><td colspan="2">申请单位编号</td><td></td><td>报关单编号</td><td colspan="2"></td><td>填制单位</td><td colspan="2">收款国库（银行）</td></tr>
<tr><td colspan="2">合同（批文）号</td><td></td><td>运输工具（号）</td><td colspan="2"></td><td rowspan="3">填制人______
复核人______</td><td colspan="2" rowspan="3"></td></tr>
<tr><td colspan="2">缴款期限</td><td>2016－12－16</td><td>提/装货单号</td><td colspan="2"></td></tr>
<tr><td colspan="2">备注</td><td colspan="4">一般贸易，照章征收
国标代码：FGRTU598054</td></tr>
</table>

中国银行台州分行 2016-11 业务讫

中华人民共和国台州海关 业务(6) 管理专用章

14－2

中国银行 BANK OF CHINA

扣 款 通 知

日期：2016－11－16

交易行：44-5010　　传票号：P3471487　　日志号：5563574

付款账户名：台州市华泰国际贸易有限公司

付款账号：1207021209200060719

付款开户行：中国银行台州分行

收款户名：台州海关

收款账号：12507856570454

收款开户行：中国建设银行台州分行

金额大写：陆仟贰佰陆拾元整

金额小写：6 260.00元

摘要：扣缴进口关税

备注：

中国银行台州分行 2016-11 业务讫 5

14－3

台州海关进口增值税专用缴款书

收入系统：海关系统　　填发日期：2016年11月16日　　号码No.：0456764550

收款单位	收入机关	中央金库			缴款单位	名称	台州市华泰国际贸易有限公司
	科目	增值税	预算级次	中央		账号	1207021209200060719
	收款国库	浙江省人民银行金库				开户银行	中国银行台州分行

税号	货物名称	数量	单位	完税价格（¥）	税率	税款金额（¥）
NF78450441	女时装	100	套	37 560.00	17%	6 385.20

金额（大写）	陆仟叁佰捌拾伍元贰角			合计（¥）	6 385.20
申请单位编号		报关单编号		填制单位	收款国库（银行）
合同（批文）号		运输工具（号）			
缴款期限	2016－12－16	提/装货单号			
备注	一般贸易，照章征收 纳税人代码：331001753984219			填制人______ 复核人______	

中国银行台州分行 2016-11 业务讫 5

中华人民共和国台州海关 业务(6) 管理专用章

14－4

中国银行 BANK OF CHINA

扣 款 通 知

日期：2016－11－16

交易行：44-5010　传票号：P3471486　日志号：5563573

付款账户名：台州市华泰国际贸易有限公司

付款账号：1207021209200060719

付款开户行：中国银行台州分行

收款户名：台州市国家税务局

收款账号：4864478678645600

收款开户行：农村信用社江北分社

金额大写：陆仟叁佰捌拾伍元贰角

金额小写：6 385.20 元

摘要：扣缴进口增值税

备注：

中国银行台州分行 2016-11 业务讫 5

15－1

出口佣金计提表

商品名称	发票价款	佣金率	市场汇率	佣金金额	备　注
男时装	151 200	2%	6.25	18 900	日本永达时装公司
合　计					

保管员：王海英　会计：王丽　制单：于力

16－1

中国银行
BANK OF CHINA

DEBIT ADVICE
借记通知

TO:
致：HUATAI INTERNATIONAL TRADE CO.，LTD

DATE（日期）：
2016－11－25

L/C NO.：
信用证号：01112ML20047542
AB NO.：
银行流水号：

DRAFT AMT.：
单据金额：USD210.00
CONTRACT NO.：
合同号：

WITH REFERENCE TO THE CAPTIONED ITEMS，PLEASE BE ADVISED THAT WE HAVE TO-DAY DEBITED YOUR ACCOUNT NO. 1207021209200060719 WITH THE FOLLOWING AMOUNT PAYMENT UNDER THE L/C ABOVE MENTIONED.
我行已于今日将上述业务之下列金额借记你公司1207021209200060719账户。

中国银行台州分行
2016-11
业务讫
5

DEDUCT AMT.：
付款金额：USD210.00

BUYING RATE：6.300 SELLING RATE：6.300 REALING RATE：6.300

BANK OF CHINA TAIZHOU BRANCH
中国银行台州分行

17－1

入 仓 单

验收部门：储运部门　　2016年11月18日　　结算方式：

品　名	规　格	单　位	应　收	实　收	金额（元）
女时装		套	100	100	37 510.00
合　计			100	100	37 510.00

主管：　会计：　发货：李四　采购：　制单：张三

18－1

浙江增值税专用发票

全国统一发票监制章 浙江 国家税务总局监制

此联不作报销、扣税凭证使用

44140256210　　　　No. 2530685974

开票日期：2016－11－19

购买方	单位名称：台州市欧利亚服装公司 纳税人识别号：510205678665462 地址及电话：台州市黄珠区陈德大道25号 0576-57845001 开户行及账号：中国银行台州分行	密码区	6156＜83＞065＞＋4＊＞05＋－6 加密版本：017＜41＞8302392096＞ 45＊6－ 44140256210 38/＞80229 ＜＊6611＞－6－86 212500180 913 ＊0863＞813/4＞＞89＜79

货物或应税劳务、服务名称	规格型号	单位	数量	单价	金额	税率	税额
女时装		套	100	600.00	60 000.00	17%	10 200.00
					￥60 000.00		￥10 200.00
价税合计（大写）	柒万零贰佰元整						（小写）￥70 200.00

销售方	单位名称：台州市华泰国际贸易有限公司 纳税人识别号：331001753984219 地址、电话：台州市椒江区东海大道288号 0576－85365248 开户行及账号：中国银行台州分行	备注	

收款人：何红梅　　复核：曾芝麻　　开票人：刘佳佳　　销售方：（章）

台州市华泰国际贸易有限公司 331001753984219 发票专用章

第一联：记账联 销售方记账凭证

19－1

出 仓 单

验收部门：储运部门　　2016年11月19日　　结算方式：

品名	规格	单位	应发	实发	金额（元）
女时装		套	100	100	37 510.00
合计			100	100	37 510.00

主管：　　会计：　　发货：李四　　采购：　　制单：张三

参考文献

[1] 纪洪天．新编外贸会计——外贸会计及国际结算．上海：立信会计出版社，2009.
[2] 李晓红．涉外会计实务．北京：清华大学出版社，2012.
[3] 赵宝芳．涉外会计．修订本．北京：清华大学出版社，2007.
[4] 于强，穆延荣．外经贸会计实务．天津：天津大学出版社，2008.
[5] 丁元霖．外贸会计．上海：立信会计出版社，2004.
[6] 纪洪天．外贸会计基本教程．2版．上海：立信会计出版社，2009.
[7] 王红珠．外贸会计．北京：科学出版社，2009.
[8] 财政部．企业会计准则：应用指南．北京：中国财政经济出版社，2006.
[9] 财政部会计司编写组．企业会计准则讲解．北京：人民出版社，2006.
[10] 刘文广，张晓明．国际贸易实务．北京：高等教育出版社，2011.
[11] 路平，赖忠孝．外贸会计实训教程．北京：中国商务出版社，2007.
[12] 李向红．进出口会计解惑．天津：天津大学出版社，2009.

图书在版编目（CIP）数据

外贸业务会计实务/杨瑾淑，佘雪锋主编. —北京：中国人民大学出版社，2017.7
ISBN 978-7-300-24510-2

Ⅰ.①外… Ⅱ.①杨…②佘… Ⅲ.①外贸企业会计 Ⅳ.①F740.45

中国版本图书馆 CIP 数据核字（2017）第 123504 号

浙江省高等教育教学改革建设项目成果
21 世纪高职高专规划教材·会计系列
外贸业务会计实务
主　编　杨瑾淑　佘雪锋
副主编　邵红燕
Waimao Yewu Kuaiji Shiwu

出版发行	中国人民大学出版社		
社　　址	北京中关村大街 31 号	**邮政编码**	100080
电　　话	010－62511242（总编室）		010－62511770（质管部）
	010－82501766（邮购部）		010－62514148（门市部）
	010－62515195（发行公司）		010－62515275（盗版举报）
网　　址	http://www.crup.com.cn		
	http://www.ttrnet.com(人大教研网)		
经　　销	新华书店		
印　　刷	北京七色印务有限公司		
规　　格	185 mm×260 mm　16 开本	**版　　次**	2017 年 7 月第 1 版
印　　张	16　插页 1	**印　　次**	2017 年 7 月第 1 次印刷
字　　数	283 000	**定　　价**	34.80 元

信息反馈表

尊敬的老师：

您好！为了更好地为您的教学、科研服务，我们希望通过这张反馈表来获取您更多的建议和意见，以进一步完善我们的工作。

请您填好下表后以电子邮件、信件或传真的形式反馈给我们，十分感谢！

一、您使用的我社教材情况

您使用的我社教材名称			
您所讲授的课程		学生人数	
您希望获得哪些相关教学资源			
您对本书有哪些建议			

二、您目前使用的教材及计划编写的教材

您目前使用的教材	书名	作者	出版社
您计划编写的教材	书名	预计交稿时间	本校开课学生数量

三、请留下您的联系方式，以便我们为您赠送样书（限1本）

您的通信地址			
您的姓名		联系电话	
电子邮件（必填）			

我们的联系方式：

地　址：苏州工业园区仁爱路158号中国人民大学苏州校区修远楼

电　话：0512-68839319　　传　真：0512-68839316

E-mail：huadong@crup.com.cn　　邮　编：215123

网　址：www.crup.com.cn/hdfs